TAROT
RENASCENTISTA
de GIOVANNI VACCHETTA

TAROT
RENASCENTISTA de GIOVANNI VACCHETTA

Texto de
Julian M. White

Imagens coloridas por
Guillermo D. Elizarrarás

© Publicado em 2014 pela Editora Isis.

Revisão de textos: Rosemarie Giudilli
Diagramação e capa: Décio Lopes

Dados de Catalogação da Publicação

White, Julian M.

O Tarot de Vachetta/Julian M. White | 1ª edição | São Paulo, SP | Editora Isis, 2014.

ISBN: 978-85-8189-061-6

1. Tarô 2. Arte Divinatória I. Título.

Proibida a reprodução total ou parcial desta obra, de qualquer forma ou por qualquer meio seja eletrônico ou mecânico, inclusive por meio de processos xerográficos, incluindo ainda o uso da internet sem a permissão expressa da Editora Isis, na pessoa de seu editor (Lei nº 9.610, de 19.02.1998).

Direitos exclusivos reservados para Editora Isis

EDITORA ISIS LTDA
www.editoraisis.com.br
contato@editoraisis.com.br

Sumário

O que é o Tarô? 7

Evolução histórica do Tarô 9

O Tarô de Vachetta 10

Os Arcanos Menores 13

Os Arcanos Maiores 16

0 – O Louco *18*

1 – O Mago *20*

2 - A Sacerdotisa *22*

3 – A Imperatriz *24*

4- O Imperador *27*

5 – O Hierofante *30*

6 – Os Enamorados *33*

7 – O Carro *36*

8 – A Justiça *39*

9 – O Ermitão *42*

10 – A Roda da Fortuna *45*

11 - A Força *47*

12 – O Enforcado *50*

13- A Morte *53*

14- A Temperança *56*

15 – O Diabo *58*

16 – A Torre *61*

17 – A Estrela *64*

18 – A Lua *67*

19 – O Sol *70*

20 – O Juízo *73*

21 – O Mundo *76*

| 5 |

Os Arcanos Menores..79

    Os ouros.. *80*

    Copas... *93*

    Espadas.. *107*

    Os Paus.. *120*

Como ler o Tarô de Vacchetta..133

As leituras...135

O que é o Tarô?

São muitas as definições que podemos dar a esse curioso baralho de cartas que conhecemos por Tarô. Tudo dependerá do nível de entendimento do indivíduo e da sua compreensão. O que para alguns não passa de um simples jogo, ou melhor, de um punhado de cartas com desenhos renascentistas, para outros é um instrumento apreciado e valioso, capaz de permitir que a pessoa amplie consideravelmente suas habilidades intuitivas. Para estas pessoas o Tarô é algo que pode resultar muito útil nos momentos que necessitarem de um conselho ou guia.

Se examinar o Tarô detidamente, verá que se trata de um sistema complexo, formado por setenta e oito imagens distintas, mas entrelaçadas e relacionadas. O surpreendente é que as imagens têm a capacidade de revelar o funcionamento interno da sua própria mente e também, até certo ponto, do mundo que o rodeia.

A utilização desse ou de qualquer outro baralho de Tarô não requer dotes especiais de clarividência, nem qualquer outra habilidade estranha; simplesmente, requer certa destreza no uso da mente criativa, nada mais além das faculdades normais que qualquer pessoa possui.

De fato, o que na realidade faz o Tarô é dominar uma linguagem simbólica que pode comunicá-lo com um nível de consciência diferente da que usa na sua vida cotidiana. Trata-se de um nível que não é limitado pelas percepções dos cinco sentidos físicos, nem pelo funcionamento da mente de cada dia, linear e lógica. Não obstante, não é por isso que deva considerar o Tarô algo estranho ou misterioso.

O Tarô não é nada elitista, nem tampouco, por isso, próprio de pessoas incultas ou ignorantes. É simplesmente um meio que pode lhe permitir avaliar as situações que não estão ao alcance direto da mente racional. E constitui também um extraordinário instrumento que ajudará a concentrar-se em si mesmo e a cultivar e desenvolver a intuição.

Evolução histórica do Tarô

Os primeiros dados históricos do Tarô, tal e qual se conhece hoje em dia, procedem do Norte da Itália, aproximadamente seiscentos anos atrás.

Naquela época, era o lugar o centro da vida econômica e artística do Ocidente. Florença e Veneza eram poderosas cidades estado governadas por príncipes muito ricos e famosos. Nelas floresceram os negócios internacionais, a criação artística e política. Seus governantes e as famílias pertencentes à nobreza fomentavam a arte e a criatividade, e foi nas referidas cidades que apareceram os grandes artistas do Renascimento que todos conhecemos. Foi ali também onde apareceu o primeiro Tarô que chegou até nós. Era formado por preciosas lâminas pintadas à mão, com linhas de ouro incrustadas.

Realizou-se nos meados do século XV, como presente de casamento para a filha do Duque de Milão, Bianca Maria Visconti, que em 1441 casou-se com Francesco Sforza. Cinquenta anos depois, o Tarô, como simples jogo de cartas, já se estendia por toda a Europa.

Os modelos italianos e franceses evoluíram com diferentes desenhos, a maioria deles com uma estrutura muito parecida com o Tarô de Vachetta, isto é, eram compostos pelos quatro grupos de cartas ou "naipes" que formam os Arcanos Menores e das figuras ou "triunfos", conhecidos hoje por Arcanos Maiores.

O Tarô de Vachetta

Ainda que procedente do Norte da Itália, berço histórico do Tarô, ele nasceu quatro séculos e meio depois, concretamente no ano de 1893, em Turim, com o nome de "I Naibi di Giovanni Vachetta", em uma edição preto e branco, o que não deixa de surpreender, já que seu autor era um notável aquarelista.

Vachetta assinou em quatro cartas: no Ás de Ouros, no Dois de Paus, Espadas e Copas. No dois de Paus pode-se ler "Giovanni Vachetta, de Cuneo, escultor, fez essas cartas (Naibi) em Turim no ano de 1893". A legenda é quase igual nas outras três cartas mencionadas, ainda que nelas não mencione sua profissão de escultor. No Dois de Copas declara-se pintor.

Giovanni Vachetta nasceu no ano de 1863 e morreu em Fossano, em 1940. Foi um artista consagrado, professor de desenho na Academia Albertina de Turim e de desenho superior no Museu Industrial da mesma cidade, além de Diretor da Secção de Arte Antiga do Museu Cívico Piemontês. Entre suas obras conta-se a decoração da aula Magna do Castelo de Valentino, uma das residências da Casa de Saboia, que é Patrimônio da Humanidade e sede da Faculdade de Arquitetura do Politécnico de Turim.

Giovanni Vachetta foi durante toda sua vida um erudito e grande amante da arte medieval e isso se traduz nas imagens de suas cartas, de inspiração medievo-renascentista.

Durante toda sua vida realizou um importante trabalho de resgate, catalogação e preservação do patrimônio artístico e arquitetônico da região do Piemonte e especialmente da província de Cuneo, além de ter escrito várias obras sobre esta temática que ainda hoje seguem vigentes.

Contexto histórico do Tarô de Vacchetta

Em vista da tendência ocultista que assumiu o Tarô nos fins do século XIX, se poderia pensar que a partir daí somente seriam editados baralhos de tais características, mas não foi assim.

De fato, seguiram publicando baralhos que continuavam no estilo tradicional, ainda que com o toque particular que cada autor imprimia na sua obra. Giovanni Vachetta seguiu claramente a linha dos baralhos italianos.

A influência ocultista, tão forte no ambiente do Tarô francês, não aparece nessas imagens por nenhum lado, o que não deixa de surpreender, devido a que Vachetta foi contemporâneo de Papus e Elifphas Levy. Ignoramos se foi por desconhecimento ou falta de inclinação para o esotérico. Curiosamente, ainda que o Tarô de Pamela Coleman Smith (Rider-Waite), que marcaria o início de uma nova época no mundo do Tarô – primeiro no entorno anglo-saxão e depois em nível mundial – contudo tardaria dezesseis anos em aparecer, é fácil ver em alguns arcanos menores de Vachetta uma clara premonição do que logo se plasmaria no Tarô Rider-Waite.

Particularidades e curiosidades nos Arcanos Maiores do Tarô de Vachetta

Transcorridos já quase cento e vinte anos da sua criação, surpreende descobrir no Tarô de Vachetta a ausência de grande parte da simbologia hoje usada em qualquer Tarô e ainda mais, a utilização desviada ou, pelo menos, distinta de alguns elementos simbólicos. Assim, vemos como A Sacerdotisa e A Imperatriz trocaram-se alguns atributos.

A primeira – curiosamente ladeada por dois anjinhos – permanece sentada num trono sem o clássico manto às costas – este parece que o traz A Imperatriz – mais suspeito, todavia, é o avultado abdômen da Sacerdotisa, quando a que devia estar gestante não é ela, mas A Imperatriz.

O Mago mudou seus implementos habituais por alguns copinhos de jogador, ainda que conserve sua vareta, passando de mago a simples prestidigitador ou inclusive, a charlatão – onde está a bolinha? Parece que vai gritar. Chamam a atenção especialmente os estranhos adornos nas laterais da sua mesa de trabalho.

Por outro lado, O Louco caminha levando sua trouxa pendurada no antebraço, frente ao atento olhar de um leopardo.

A Carruagem não parece ir à parte alguma, pois não há animais que a puxem, e o umbigo do auriga constitui outro dos muitos detalhes curiosos deste Tarô.

A Roda da Fortuna é muito apelativa e mostra claramente o gosto de Vachetta pelo nu feminino. O Apolo de O Sol, tocando violino; os Enamorados convertidos em um par de rolinhas; a Força que parece estarhipnotizando o leão, ou a Morte e O Diabo, que em lugar de pânico demonstram expressão quase jocosa são apenas algumas das excentricidades de Giovanni Vachetta nos Arcanos Maiores.

Os Arcanos Menores

Algumas cartas do naipe de Copas fazem claramente referência a Tarôs muito mais antigos, como a Busca-Sozinha do século XVI, e em geral representam a alimentação e o sustento.

As Espadas mostram-se como algo frio e intelectual, simbolizando a lei temporal. Os Paus encarnam a vida, a energia masculina, o elemento fogo e também o trabalho. E os Ouros, os bens materiais, as posses e a terra.

Possivelmente, Vachetta quis também plasmar nos Ouros a passagem do tempo e em geral, os aspectos econômicos da vida.

Nos Arcanos Menores encontramos muitas cartas de grande beleza, assim também numerosos detalhes curiosos e inclusive surpreendentes.

As moedas do naipe de Ouros mostram os imperadores romanos por ordem cronológica. Por exemplo, no Três de Ouros podemos ver os perfis de Nero, Oto e Galba. Surpreende também ver a Rainha de Copas assando frangos ou a de Espadas olhando o céu com expressão mística, enquanto traz em uma bolsa a cabeça de um cidadão que acaba de cortar, ilustração do episódio bíblico de Judite e Holofernes.

Vemos com assombro a Rainha de Paus acompanhada de uma ovelhinha, ou o Rei de Copas convertido em viticultor, enquanto que o Rei de Ouros é um judeu avarento e ameaçador.

Sem dúvida, um dos motivos que torna interessante o Tarô de Giovanni Vachetta é a visão tão original e personalíssima que plasmou em cada uma das suas cartas.

Outras versões

Nos últimos anos, realizaram-se várias impressões desse Tarô, algumas em branco e preto ou em sépia e outras coloridas, as mais notáveis são uma formosa versão a cores realizada no ano de 2001 por Osvaldo Menegazzi, publicada por Il Meneghello em uma edição limitada e numerada de mil e quinhentos maços e outra, muito mais comum, colorida por Miguel Gaudenzi, que foi publicada no ano de 2002 pela editora Lo Scarabeo, com o nome de "Tarô do Mestre". A presente edição do Tarô de Giovanni Vachetta foi colorida pelo artista mexicano Guillermo de Elizarrarás.

Utilização do Tarô Renascentista de Giovanni Vachetta

Seja qual for o Tarô que utilizemos, sempre é necessário muito cuidado na maneira como o abordamos, pois de acordo com a forma como o tratamos, assim ele nos tratará.

Quem se aproxime dele com ânimos de briga, é muito possível que receba somente respostas desorientadas. Por isso, há de tratá-lo com trataria um bom amigo: com respeito e confiança.

A respeito das perguntas que pode realizar, não há limite, mas o tipo de pergunta é vital para determinar a resposta que o Tarô dará. A precisão da resposta está em função da exatidão da pergunta. Quanto mais precisa seja esta, mais exata será aquela. Se a pergunta é vaga e geral, ou tola e absurda, a resposta também será.

Naturalmente, também importa que ao realizar a leitura do Tarô a pessoa permaneça em calma e centrada no que vai fazer. É bom procurar um momento e um lugar em que não venha a ser incomodado nem interrompido. Se estiver nervoso e ansioso, ainda que estes sentimentos não tenham nada a ver com a pergunta, é possível que as cartas lhe deem uma resposta sobressaltada e errática, que será difícil interpretar. Por outro lado, é preciso deixar de lado as preocupações, acalmar a mente, observar com tranquilidade a respiração sem pensar em nada... e logo proceder à leitura ou à pergunta concreta que queira fazer.

Há ocasiões em que, à primeira vista, alguém poderia pensar que a resposta que o Tarô nos dá não guarda relação alguma com a pergunta que fizemos, nem com nossa situação atual. Nestes casos não deve precipitar-se em fazer este tipo de juízo. Vale a pena conceder-lhe um tempo para refletir sobre a resposta recebida. Em algum momento, ela se tornará clara em sua mente.

Os Arcanos Maiores

As vinte e duas cartas que compõem os Arcanos Maiores, ou triunfos, contêm o significado e os mistérios mais profundos. Cada um desses vinte e dois desenhos inclui ideias arquetípicas que são como os vinte e dois pilares que sustentam o mundo e todos os mundos. Ao mesmo tempo, cada um deles reflete um aspecto do nosso próprio ser. Noutra ordem de coisas, os Arcanos Maiores representam também uma progressão, mostram-nos a passagem da alma humana pelo mundo, vida após vida, em seu caminho ascendente para a compreensão, o conhecimento e a perfeição.

Se ao lançar as cartas, seja para você, seja para outra pessoa, aprece um Arcano Maior, este lhe estará mostrando as coisas mais importantes que o consultante deve saber.

Alguns dos Arcanos Maiores parecem transmitir um significado claro por referir-se a virtudes, como A Força, A Justiça ou A Temperança. Outros representam certo tipo de pessoa ou um determinado modo de enfocar a vida, como O Louco, O Mago, O Imperador, O Ermitão. Por sua parte, as cartas com nomes planetários, como O Sol, A Lua ou A Estrela parecem vincular o Tarô com a Astrologia, enquanto que A Morte ou A Torre mostram-nos a desgraça ou a ruína do sistema em vigor. Mas não se deixe enganar, o Tarô é um livro que pode ser lido em muitos níveis distintos.

Antigamente, cada uma destas lâminas era utilizada para criar estados mentais e espirituais determinados. Implicava uma meditação intensa sobre o arcano em questão e essa meditação permitia uma compreensão profunda dos seus significados mais ocultos. Ao manter durante certo tempo uma carta na mente, é possível captar e absorver um conhecimento que vai muito além do que pode comunicar-se de maneira oral ou escrita.

O verdadeiro sentido de cada uma das cartas poderá atingir você de maneira direta, talvez, através de imagens mentais de ideias, de sonhos ou da intuição.

A seguir se explicam os significados de cada um dos Arcanos Maiores. É importante ter em conta que estas são unicamente algumas ideias iniciais, que talvez o ajudem a começar a construir uma relação com o Tarô que tem de ser única e pessoal. Aprender os significados das cartas de um livro ou de uma pessoa não é suficiente. É necessário chegar a conhecer cada um dos Arcanos e torná-lo parte de nossa própria experiência, como se tratara de cultivar uma amizade. Só assim, poderá obter todos os benefícios que o Tarô tem reservado para você.

0 – O Louco

Vemos um homem que avança aparentemente sem rumo, com o olhar para o céu, como que perdido. Liberdade até para se disfarçar de vagabundo ou inclusive de burro, ou de outro animal, pois quando puser o capuz que lhe cai sobre as costas, se encontrará com duas grandes orelhas. Para alguns, só ele decide o caminho que vai seguir. Para outros, sua inconsciência faz com que o caminho lhe seja totalmente indiferente e o submeterá totalmente aos desígnios da Natureza. O leopardo olha-o atentamente, expressando surpresa.. É seu animal de companhia, que viaja com ele, ou se trata de uma fera selvagem que espera o momento para atacá-lo? É este um dos mistérios dessa carta. Os pertences do Louco são bem escassos e leva-os em uma trouxa pendurada pelo braço esquerdo, com o qual sustenta um grosso bastão. Nos Tarôs clássicos, como o Tarô de Marselha, o Louco, a quem corresponde o número 0, representa o tudo e o nada. É uma realidade de uma ordem distinta de todas as demais cartas. É o caos primordial do que antes da manifestação física, a não existência de que surge tudo quanto existe. É muito usual que o Louco represente o consultante. Sua interpretação, nos diferentes aspectos humanos, pode estar relacionada com as seguintes indicações, dependendo das cartas que a rodeiam e do nível em que se realize a leitura.

Personalidade: Inconsciência e extravagâncias. Impulsividade, originalidade, criatividade transbordante e exótica, aturdimento. Atos irreflexivos.

Plano afetivo: Relações decepcionantes. Necessidade de fugir, de escapar, de liberar-se. Instabilidade e carência de objetivos comuns no casal.

Profissão: Insegurança e insatisfação no trabalho. Desejo de fugir das responsabilidades do trabalho. Esforços não recompensados. Falta de apoio dos companheiros. Talvez seja bom momento para mudar de emprego.

Saúde: Esta carta pode referir-se a qualquer problema de tipo psíquico ou a qualquer desordem ou desequilíbrio mental.

Economia: O descuido e a falta de responsabilidade associados ao Louco costumam acarrear altos e baixos, preocupações e problemas econômicos.

Espiritualidade: O exercício da liberdade interior levará a pessoa ao equilíbrio e à paz. Defende sua liberdade e o privilégio de atuar conforme suas inclinações internas, mas mantém-se atento para não cair no egoísmo.

Síntese do Arcano: Tome o tempo que necessite para pôr suas ideias em ordem. A precipitação aloucada, sobretudo, quando se deve a pressões externas, só conduz ao caos. Escute sua voz interior. Não se esqueça de que, em última instância, sua vontade é a que manda. Siga suas ideias próprias, sua genialidade e sua generosidade, ainda que procure não cair no absurdo.

Evite a confusão, a dispersão excessiva e a extravagância, mas contemple o futuro com confiança.

1 – O Mago

O Mago mantém-se em pé, levantando a varinha mágica com a mão direita e com o rosto olhando ligeiramente para o futuro. O número deste Arcano é o 1. Simboliza o princípio, a origem, o momento presente. Como ocorre com o Louco é muito usual que essa carta represente o consultante. Aqui o vemos atrás da sua mesa, mostrando aos viandantes suas habilidades, ao mesmo tempo em que oculta suas artimanhas. Chama-o para que se aproxime; se assim o fizer, se surpreenderá com sua inteligência. Como faz esses truques? É um astuto prestidigitador ou se trata de um poder superior? O observador não pode explicá-lo. O Mago fala-nos do papel da comunicação, do desenvolvimento da capacidade e fazer-nos entender com clareza, do exercício da mente e do uso da razão. Recorda-nos que temos de evitar a fé cega e inclusive as emoções demasiadamente fortes. O adestramento e o estudo nos brindarão com a oportunidade de desenvolver nossas faculdades de uma forma sistemática. A carta do Mago mostra-nos a maneira de nos comunicar, como vender nossas ideias, como desenvolver o engenho e outras habilidades, como solucionar os problemas e abordar diferentes assuntos ao mesmo tempo. Os magos de hoje em dia movem-se no mundo dos meios de comunicação, da imprensa, da publicidade e das vendas. De fato, quando desejam vender-nos algo podem ser muito persuasivos com suas palavras e imagens.

Personalidade: Originalidade, criatividade, força, destreza, iniciativa, habilidade, sobretudo, vontade para levar a cabo qualquer novo projeto.

Plano afetivo: Indício de novos encontros com possibilidades favoráveis. A situação familiar ou do casal melhorará. Harmonia e tendência ascendente.

Profissão: Possível ascensão ou promoção profissional. Talvez propostas para um novo trabalho. Incremento nas responsabilidades, mas também no estatuto laboral, no reconhecimento dos méritos e nas percepções econômicas.

Saúde: Boa saúde em geral. Risco de sofrer enxaquecas e dores de cabeça.

Economia: A confiança em si mesmo facilitará a solução de qualquer problema de tipo material ou financeiro que atinja o consulente, assim como o intercâmbio de opiniões e ideias. Boas possibilidades de melhora econômica notável.

Espiritualidade: Curiosidade que pode abrir-nos um novo nível, uma tomada de consciência. Perigo se nos inclinarmos para o falso.

Síntese do Arcano: A aparição de O Mago indica a possibilidade de alcançar a realização, seja o que for que isso possa significar para o consulente. Ele tem ao alcance da mão todos os elementos necessários para realizar sua obra, para converter seu projeto em realidade. Deverá, porém, atuar com medida e com prudência. O caminho que há de seguir não está isento de perigos, apesar de que, se focar a sua vontade, todo o universo o ajudará a alcançar seu objetivo. A comunicação é importante. Visto pelo aspecto negativo, o Mago pode ser demasiado intelectual e astuto, apresentar uma imagem falsa de si mesmo, ser um comunicador compulsivo, capaz de justificar qualquer coisa, adulador e falso.

2 - A Sacerdotisa

Sentada em seu trono e franqueada por dois querubins, A Sacerdotisa representa a deusa interior. É o princípio feminino, o yin, o lado receptivo, a intuição. Ensina-nos que se alcança o caminho para a compreensão, superando as dúvidas pessoais da oposição e escutando com mais confiança nossos sentimentos e intuições. O número 2 é o símbolo da oposição e da reflexão. É o dia e a noite, a morte e a vida, o branco e o negro. O 2 encarna a dualidade no seu aspecto criativo. A Sacerdotisa ou a Papisa, como costuma ser denominada com frequência, mostra-nos o seu livro. Trata-se do livro da vida, em que estão escritos os registros de tudo o que tem sido e será, de tudo que afeta a vida e o futuro do consulente e de todos nós. É o livro sagrado que encontramos em todas as religiões e que recopila todo saber externo ou exotérico; para aqueles que sabem ler entrelinhas, também representa a sabedoria interior e transcendental. A sacerdotisa relaciona e entende os conhecimentos adquiridos anteriormente e, ao meditar sobre eles, recria-os e os ensina aos demais. Explora seu mundo interior e aprende a conhecer-se e a confiar em si mesma. O desenvolvimento da memória e a observação permitem-lhe imaginar e conceber o lado oculto das coisas. Ao decifrar os segredos da Natureza, pode penetrar na alma das pessoas e entendê-las. É capaz de ajudar, ensinar ou curar. A pessoa representada por essa carta costuma ser discreta e carinhosa. Ao mesmo tempo é muito reservada na hora de exteriorizar sua vida interior ou seus sentimentos.

Personalidade: Discrição e concentração. Busca da sabedoria profunda mais além das aparências. Reserva, intuição, serenidade, atenção e paciência.

Plano afetivo: Às vezes pode ser indício de uma relação ou de uma afetividade secreta; não obstante os sentimentos implicados são sempre profundos e sinceros. As relações amistosas transcorrem em clima de paz e serenidade.

Profissão: Talvez algo novo se esteja gestando no ambiente profissional, ou laboral, ainda que, todavia, permaneça oculto à vista e ao conhecimento de todos. A dedicação atenta aos trabalhos será muito benéfica ao trabalho, assim também a reflexão baseada em dados intuitivos.

Saúde: Possíveis problemas do tipo circulatório ou linfático. Também há riscos de dificuldades no sistema urogenital.

Economia: Uma atitude prudente e calma logrará facilmente um proveitoso equilíbrio financeiro.

Espiritualidade: A reflexão e a meditação abrem as portas de uma grande riqueza interior. A contemplação assídua de A Sacerdotisa ajuda a trazer ao plano consciente conhecimentos e fatos que até agora permaneciam ocultos por trás do véu do inconsciente. É de grande ajuda para desenvolver tanto a memória quanto a intuição.

Síntese do Arcano: A Sacerdotisa é um convite à meditação, à sabedoria e também à fé. A via mais apropriada para resolver qualquer problema é, neste caso, a paciência e a reflexão sempre atentas aos sinais procedentes do interior. Essa carta mal aparecendo em uma leitura pode indicar superstição, dúvidas, contradições, manipulação e feminismo exagerado, ou uma pessoa com estas características.

3 – A Imperatriz

Com sua coroa de ouro, a Imperatriz apresenta-se a nós sentada de frente, em uma atitude que não deixa dúvida alguma a respeito da sua disponibilidade e da sua benevolência. O número 3, que corresponde à Imperatriz, é o número da multiplicação e se refere a todos os processos naturais de produção. A Imperatriz é a última parte da tríade do Tarô e representa o corpo físico e o mundo material em seu aspecto de crescimento e exuberância. Possui e administra seus recursos com esplendor e sabe combinar os materiais ao seu alcance para lograr beleza. Também organiza tudo com talento e hábil sagacidade. É capaz de fazer-se obedecer com doçura e sem ter de usar sua autoridade. O mundo da Imperatriz é o lugar perfeito, formoso, ideal, de generosidade e amor, totalmente natural, sem cores, luzes nem sons artificiais. É a deusa do amor incondicional. Sem ela, tudo seria sombrio e sem vida. Em lugar de trevas e fatalidade, a Imperatriz enche nossa vida de sentimentos e emoções, de alegria, felicidade e satisfação. É o elixir da vida eterna. Ensina-nos a reconhecer nossas emoções e sentimentos através da própria expressão e mostra-nos que cada pessoa é bela por si mesma, sem necessidade de mudar. Recorda-nos de que não devemos reagir negativamente aos reveses da vida. Devemos, também, aprender a lutar por nossos direitos e a sermos conscientes de quando se nos manipulam ou exploram. A Imperatriz está associada a Vênus, tanto ao planeta quanto à deusa sensual do amor, da harmonia, consonância da criatividade e das forças naturais. Possui agudo sentido de estética.

Agrada-lhe expressar-se através da música, das canções de amor, da poesia e das artes em geral.

Personalidade: o que na Sacerdotisa é mistério, na Imperatriz é luz. A inteligência natural da Imperatriz dissipa as trevas da dúvida. Seus traços são a lucidez, o discernimento, a ação e a criação. É totalmente eficaz e ao seu redor tudo floresce e frutifica de uma forma ordenada.

Plano afetivo: Indica felicidade e alegria, encontros e contatos harmoniosos e agradáveis. A comunicação aberta permite desenvolver relações felizes. Tanto no campo do amor quanto no da amizade, esta rainha é sincera e irradia luz e calor.

Profissão: Pode esperar-se o sucesso. Os projetos irão concentrar-se e tomarão forma. As negociações serão rápidas e sem travas. É importante manter abertas todas as vias de comunicação, sobretudo, um espírito vivo e atento. Assim sendo, tudo se concretizará de um modo perfeito e natural.

Saúde: É imprescindível não abusar das próprias forças. O excesso quanto à alimentação pode também resultar prejudicial. Deverá cuidar-se especialmente do trato digestivo, sobretudo, do intestino.

Economia: Ainda que essa carta anuncie certa bonança econômica, é importante frear os gastos, muitas vezes consequência de querer agradar e causar boa impressão aos demais.

Espiritualidade: Mostra-se uma ocasião muito favorável para abrir-se às energias cósmicas positivas e aproveitá-las para o próprio crescimento e cura.

Síntese do Arcano: A Imperatriz aconselha-nos a reforçar nossa conexão com a natureza. Com frequência, errôneas sofisticações e falsos prazeres apartam-nos das nossas raízes, e ela vem nos recordar de que devemos permanecer com os pés bem firmes no chão. Também representa todo tipo de abundância.

É a cornucópia da abundância repleta de todas as delícias sensuais, alimentos, prazeres e beleza. É uma carta que nos anima a abraçar a vida e sua exuberante beleza. Pelo aspecto negativo, este Arcano pode indicar uma pessoa demasiado transigente, falta de firmeza, que abusa da cirurgia plástica, com medo de envelhecer, que se sente facilmente ferida, ofendida ou rejeitada.

4- O Imperador

Apresenta-se a nós sentado no seu trono, em uma atitude que mostra perfeitamente seu poder e sua determinação para atuar em um dado momento. Ainda que vigilante, é visto seguro e confiante. O número 4, simbolizado pelo quadrado ou pela cruz, representa o domínio ativo e a iniciativa sobre o material. É a força que, sem vacilação e com energia, expande, solidifica, edifica, constrói realizações e as plasma na vida real. O seu lema é um realismo prático que não se esquece da justiça. É uma eficiência demolidora que pacientemente vai convertendo os escolhos em escalões sobre os quais vai alçar uma nova concretude.

O Imperador representa a liderança e a autodeterminação. Mostra-nos como desenvolver essas qualidades na vida. Representa a si mesmo o princípio masculino, o yang, a figura do pai, o patriarca que instrui seus filhos e os estimula a progridirem. Pode ver com objetividade o que é melhor para eles, por isso é exigente e firme. Quanto maior for o Imperador, mais exigente será sua doutrina. Seu paternalismo atinge pessoas, relações, objetos e poderes, coordenando os esforços para manter o sucesso e expandi-lo com prudência para metas realistas. Suas pernas cruzadas insinuam o número 4 e a águia imperial lembra-nos sua autoridade e seu aspecto marcial.

A O Imperador se lhe atribuem a ordem e a razão soberana. Ele vigia, controla e regula. Possui um coração forte e poderoso e mostra este lado de si através da imposição de regras estritas. Poder-se-ia dizer que ainda mais protetor que a Imperatriz, pois ele criou a ordem no caos e não deseja que nada perturbe esta ordem. Embaixo de suas roupas reais veste a armadura que usa com orgulho quando defende aqueles sob sua proteção. Agrada-lhe que todo jogo tenha regras claras e que se cumpram e também que as figuras de autoridade sejam devidamente respeitadas. Nas situações caóticas, O Imperador vem mostrar-nos a necessidade de organização, pois quer que tudo esteja amarrado e controlado.

Personalidade: A autoridade e a vontade levam a concretizar qualquer projeto. O Imperador anuncia energia, competência, domínio e estabilidade. É a figura paterna por excelência e também qualquer representante da autoridade.

Plano afetivo: Indica relações sólidas e estáveis. O lar permanece em equilíbrio. Os sentimentos são baseados na confiança e nos costumes. Cuidado, porém, com seus aspectos negativos, O Imperador pode passar de protetor a tirano.

Profissão: Poder e mando. Lograram-se avanços através do exercício da autoridade e de um controle férreo. O resultado será um entorno estável e pacífico.

Saúde: Vigiar a tensão arterial. Perigo de congestão e de problemas circulatórios.

Economia: Situação financeira sólida. A segurança material gera certa tranquilidade com respeito ao futuro.

Espiritualidade: Sua inclinação aos aspectos materiais e concretos da realidade não faz com que esse Arcano tenha muitas possibilidades de abertura para o espiritual. A evolução há que buscá-la melhor, mais no sacrifício do que na sujeição às normas.

Síntese do Arcano: Sua aparição em uma leitura pode indicar um encontro com a autoridade, ou melhor, a necessidade de assumir o controle de uma dada situação. Costuma estar relacionado com assuntos legais, sanções, ações disciplinares ou assuntos oficiais em qualquer das suas formas. Pode também representar a figura paterna arquetípica no seu papel de apoio, sustento, guia ou protetor. A ideia geral é a de um homem que encarna o princípio masculino ou ativo, mas em uma posição sentada, o que simboliza o fato de que já reina sobre algo logrado, pois se trata de uma postura que permite certo descanso. Visto sob um aspecto negativo, pode ser demasiado severo, militarista, excessivamente combativo, vaidoso, ditatorial, intolerante, desconfiado, impaciente, violento e inclusive cruel.

5 – O Hierofante

Nessa carta vemos um homem sentado em um trono e tocado com a tiara pontifícia. Na mão direita sustenta uma cruz com três braços transversais, enquanto que na esquerda traz uma chave.

Esse Arcano simboliza a máxima autoridade no campo doutrinal como no ensino dos mistérios religiosos e de todo o sacramental. Representa a tradição e a parte externa e formal de toda religião. Implica a simulação de uma ordem estabelecida e uma hierarquia reconhecida por todos. Pode simbolizar mais de uma pessoa, inclusive um grupo e na maioria dos casos representa mais uma instituição do que um só indivíduo, pois seu poder é o do grupo e a sociedade. O Hierofante também é um mestre. Uma função de todo líder espiritual é iniciar os outros e ensinar-lhes os costumes grupais. É óbvio que aquele que guarda o segredo e a quem se lhe confiam as tradições do grupo é o candidato principal a ensinar aos demais, e o Hierofante realiza bem esta função. Ainda que seu enfoque do ensino pareça ser demasiadamente convencional, pode ser útil. Até que o aluno domine os costumes do grupo não poderá tomar uma decisão adequada sobre permanecer ou deixar o mesmo.

Quando aparece o Hierofante, costuma fazê-lo na forma de um mestre, que nos instrui nas tradições das suas crenças particulares, ainda que esses mestres nem sempre tenham antecedentes espirituais ou místicos. O Hierofante também pode representar atividades e crenças de grupos e, em qualquer caso, acentua o apoio às instituições e o respeito às regras. A maneira tradicional de fazer as coisas deve funcionar na maioria das vezes, do contrário, não teria durado o suficiente para chegar a ser uma tradição! Não obstante, quando se prova que uma ideia está equivocada, sem dúvida é o momento de mudar. O Hierofante é o ensino externo, assim como a Sacerdotisa representa o ensino secreto, que se partilha somente com iniciados.

Personalidade: Indivíduo de autoridade eclesiástica, ou melhor, um superior na hierarquia profissional. Pode ser um mestre artesão ou um artista. Alguém com dignidade e sabedoria a quem se procura em busca de conselho.

Plano afetivo: Indica entendimento e indulgência, relações pacíficas e calmas. Em caso de distanciamento, preconiza uma pronta reconciliação.

Profissão: Favorável ao ensino e também para certas profissões liberais: juiz, advogado, médico etc. Se há contratos para firmar, realizam-se sem problemas. Os assuntos legais pendentes se resolverão satisfatoriamente, conforme o que foi previsto.

Saúde: Recuperação da saúde. O Hierofante pode representar o médico ou o terapeuta que trará o remédio necessário para alcançar a melhora. Quando este arcano se encontra mal colocado (junto da Torre ou do Diabo), pode indicar dores de ouvido ou problemas auditivos.

Economia: Representa equilíbrio financeiro notável, com proteção clara. A paciência vence todas as dificuldades.

Espiritualidade: A conotação espiritual mais importante dessa carta é a fé. Qualquer aspecto espiritual ligado ao Hierofante terá sempre a ver com a religião organizada e oficial.

Síntese do Arcano: Sua aparição em uma leitura pode significar aprendizagem com expertos ou mestres eruditos. Também é possível que represente instituições consolidadas por seus valores e seus representantes. Simboliza necessidade de moldar-se às normas e às situações estabelecidas. Pode também indicar que vamos ter de lidar com forças nada inovadoras nem inclinadas à liberdade de pensamento. Isto, porém, não deve ser motivo de alarme: a ortodoxia de grupo pode ser positiva, às vezes, outras nem tanto, dependendo das circunstâncias. Por ocasiões será conveniente seguir as normas estabelecidas e a tradição, em outras, teremos que nos basear mais em nós mesmos e em nossa própria forma de ver as coisas. Resumindo, o Hierofante representa o apego às formas externas, ao convencional, ao credo, ao ritual, quer dizer, o tradicionalismo, a necessidade de seguir as normas tradicionalmente aceitas. Os aspectos negativos podem ser: ortodoxia, cultos/seitas, posição social, celibato, política, conformismo, ingratidão, inflexibilidade, hipocrisia, grupos de pressão, conspiração, sofismas, máfias e doutrinamentos.

6 – Os Enamorados

Vemos a figura de Cupido que se dispõe a disparar sua flecha em direção a um par de rolinhas. Na parte inferior da carta descansa um coração, já atravessado. Se o amor é puro, se produz a alquimia, a transformação do material em algo de um nível superior. A aparição dessa carta em uma leitura pode indicar a eleição entre o cônjuge e alguém mais de quem o consulente se enamorou, ainda que possa ser também entre dois possíveis companheiros. Em qualquer caso, a pessoa deverá olhar para dentro e dirigir-se a seu inconsciente em busca de inspiração. Assim poderá ter acesso à sabedoria que necessita para que sua eleição seja a correta, pelo bem de todos os envolvidos. Essa carta ensina-nos a observar como nos relacionamos com os demais no amor. Cuidamos de nossos parceiros ou simplesmente são utilizados para logo abandoná-los? Pode nascer o amor a partir do desejo mais puro e simples? Se experimentarmos um impedimento neste aspecto da nossa vida, se não encontramos com quem nos relacionar dessa forma, o que podemos fazer? Desejamos ser amados, mas, damos amor aos demais? Em um último caso, somente obteremos do Universo aquilo que estejamos dispostos a dar.

Essa carta nos ajuda a observar nossos problemas no terreno do amor e da sexualidade. Muitas pessoas vivem insatisfeitas porque ignoram os sacrifícios que são necessários para encontrar o amor. Algumas vezes não querem se tornar demasiado incômodas e outras temem ferir os sentimentos dos demais. Para experimentar o que oferece, temos de estar dispostos a pagar um preço. O tema do amor representa uma poderosíssima fonte de inspiração para escritores e artistas ao longo dos séculos. Mas, acaso a escola ensina aos nossos meninos e meninas a estabelecerem melhores relações ou a melhorarem sua capacidade de comunicação e expressão? Tradicionalmente, os Enamorados significam também "dois caminhos", uma disjuntiva ante a qual o consulente deve decidir.

Personalidade: Dúvida, incerteza, medo ante uma decisão que precisa ser tomada. É uma carta indicadora da debilidade humana, do desamparo diante das provas da vida, da carga que supõe o livre-arbítrio e também da inconstância humana.

Plano afetivo: Pode indicar uma crise sentimental. Uma dupla proposição realmente embaraçosa. Emoções encontradas tornam muito difíceis decidir qual é o caminho que se deve seguir. Usualmente, os aspectos mais superficiais do problema fazem com que não captemos suas vertentes ocultas e mais importantes.

Profissão: A inconstância leva-nos a uma posição de debilidade. Os desacordos minam a confiança e fazem com que os assuntos laborais se compliquem.

Saúde: Problemas respiratórios ou renais. Possibilidade de acidente leve em que resultem prejudicados os braços ou as pernas.

Economia: O equilíbrio financeiro é muito difícil de se manter em uma situação como indica essa carta. Sem dúvida, nos esperam maus momentos e será necessário realizar sacrifícios. Gastos imprevistos e cobranças menores do que os esperadas.

Espiritualidade: A saída está, como sempre, em buscar o lado espiritual, em tomar a decisão que, ainda que aparentemente seja mais dura de imediato, resultará a mais acertada em longo prazo.

Os Arcanos Maiores | 35

Síntese do Arcano: A ideia implícita nessa carta é o amor, a força de atração que leva duas entidades a unirem-se, quer se trate de pessoas, ideias ou grupos. Pode referir-se a qualquer tipo de amor, tanto o romântico e físico quanto o isento de toda sensualidade e paixão. E a combinação desses dois significados é também uma disjuntiva ética e moral, um ponto em que se torna necessário decidir entre um caminho fácil e prazeroso e outro mais árido e difícil, mas, mais elevado, justo e ético. É a eleição entre altruísmo e tentação, entre amor físico e amor espiritual.

As cartas que apareçam junto aos Enamorados nos indicarão qual é o significado exato que devemos atribuir a esse arcano. Olhando pelo aspecto negativo, essa carta pode indicar ciúmes, promiscuidade, aventuras amorosas, busca de prazer unicamente, relações obsessivas, aversão pelo sexo oposto, coquete excessiva, falta de compromisso, caprichos, manipulação etc.

7 – O Carro

Protegido por sua armadura, vemos um homem sentado em um luxuoso carro, sustentando um cetro na mão esquerda: o jovem lança-se assim para afrontar a realidade da vida. Animoso e decidido, sabe que o esforço e a tenacidade lhe permitirão alcançar qualquer objetivo que se lhe proponham.

O número 7 é o número designado para esse arcanjo, junto com o número 3, o número sagrado por excelência na maioria das tradições. Assim temos os sete dias da semana, os sete planetas, as sete notas musicais, os sete chakras, os sete pecados capitais, as sete cores do arco-íris etc.

Na tradição esotérica, o número 7 representa a união dos 3 celestes com as qualidades terrestres do 4 e neste sentido é um número que alcançou a plenitude, a perfeição. Este Arcano é um dos líderes natos que arrastam e levam para diante com força, um dos guias espirituais que conduzem com intuição e idealismo seu povo a um lugar correto. É algo assim como o herói conquistador, o ser inteiro, forjado nas experiências, repleto de plenitude e de vida, apaixonado, mas, que por sua vez controla suas emoções, sobretudo, aspira à verdade. Este é o sentido que tradicionalmente se designou ao arcano número 7 do Tarô.

Mas, curiosamente, o Carro de Giovanni Vachetta não tem cavalo ou cavalos que puxem por ele. Isto nos indica que devemos nos centrar no presente, no momento atual. O passado já não existe e o futuro, quem sabe se chegará? O momento presente é tudo o que temos. Esta é toda a nossa realidade. Aí está a porta que nos leva à eternidade, que nos pode tirar da relatividade do tempo e do espaço. É a porta que nos leva ao céu, à totalidade. E essa porta está em nosso interior, aqui e agora.

Personalidade: A tenacidade e a energia levam ao sucesso e à vitória. O Carro anuncia o triunfo, a luta prévia, o poder de decisão e a perseverança.

Plano afetivo: Pode indicar algum encontro com motivo de alguma viagem ou deslocamento. Domínio das emoções e das relações afetivas felizes. Esse arcano evita os conflitos e leva à felicidade triunfante.

Profissão: O trabalho e a tenacidade renderão seus frutos e se logrará o objetivo tão desejado.

Saúde: Vitalidade transbordante que vencerá qualquer mal-estar sem importância.

Economia: Confirma o sucesso econômico e financeiro. Anuncia possíveis benefícios. Dissipam-se as dúvidas, as inquietudes e o trunfo material impõe-se de modo rápido e eficaz.

Espiritualidade: Harmonia e liberdade de ação. As forças superiores diluem-se e transformam qualquer vibração inferior.

Síntese do Arcano: Com frequência, a aparição do Carro é indício de vitória. Por meio da disciplina e da confiança prediz um momento em que toda oposição será vencida. Se a pessoa domina suas paixões e crê no poder da sua vontade, virão grande sucesso e notável sucesso. Não permita que nada o distraia ou desvie seus objetivos. Se crer no seu próprio poder nada estará mais além da sua capacidade.

Resumindo, podemos dizer que essa carta significa triunfo e sucesso em todas as suas formas, controle sobre as forças da natureza, recuperação da saúde, vitória sobre as penúrias econômicas ou sobre os inimigos de qualquer tipo. É a carta dos que conseguem algo grande. Não obstante, vista pelo lado mau, pode representar um estado pessoal ou uma pessoa com humor variável, incapaz de concluir uma tarefa, que se sente ameaçada e protege seus sentimentos com uma armadura, distraída e incapaz de expressar suas emoções.

8 – A Justiça

Nessa carta vemos uma mulher de aspecto impassível, que com uma balança em uma das mãos e a espada na outra se dispõe a analisar as situações e os fatos que devem ser julgados. Qualquer que sejam as circunstâncias, ela buscará sempre restabelecer a harmonia, e inspirando-se nas forças superiores e divinas manterá uma linha de conduta impecável.

A justiça ensina-nos a lição mais justa, ainda que seja a mais cruel de todas, pois como ocorre com as Espadas, sua lâmina tem um duplo fio. Ninguém obtém o que espera, nem sequer o que deseja, obtém o que merece. Se merecer algo bom, se lhe outorgará, sem cerimônias nem felicitações. Se merecer um castigo, se lhe dará sem compaixão nem burla. Só nos será devolvido o que fizermos. E visto que não podemos mudar nossas ações, uma vez que a temos realizado, se queremos que nos ocorram coisas boas, teremos de realizar boas ações. Podemos ser santos ou demônios, é nossa a escolha.

Quando em uma leitura, aparece A Justiça, deverá levar-se como uma firme recordação de que os fatos do passado são a base do que nos ocorre no presente e também do que nos sucederá no futuro. Se no passado fez algo de que se sinta culpado, hoje poderia ser o dia em que tenha de responder por seus atos. Se fez algo pelo que sente que deve ser recompensado, talvez lhe chegue a recompensa. Em especial, quando aparece a carta da Justiça, cuida das suas ações e assegure-se de não fazer algo de que possa arrepender-se depois. Com frequência, esse Arcano aparece para adverti-lo de que as circunstâncias aparentemente injustas que está vivendo na atualidade são simplesmente a consequência dos seus atos de ontem.

Personalidade: Indivíduo dotado de equidade, imparcialidade, ordem, severo e com sentido prático. O rigor e a lógica permitem-lhe juízo estrito e eficaz.

Plano afetivo: Em geral indica bom-senso no que se refere às relações sentimentais. A sinceridade e a honestidade geram sempre equilíbrio em qualquer relação afetiva.

Profissão: Bom indício para qualquer profissão que tenha a ver com direito ou administração. Indica que assuntos, antes desordenados, se equilibrarão. Qualquer questão dentro do âmbito profissional será julgada com equidade.

Saúde: O ponto frágil são os brônquios e há de se cuidar especialmente dos problemas respiratórios.

Economia: A prudência permitirá que as finanças se estabeleçam. É importante verificar se as dificuldades e os apuros atuais são consequências da imprudência e da falta de previsão de tempos passados.

Espiritualidade: Em vez de se referir a uma justiça divina que dá prêmios ou castigos, a aparição dessa carta liga-nos ao conceito da harmonia cósmica.

Síntese do Arcano: No Tarô, o significado geral da Justiça é a compreensão de que finalmente a vida é equilibrada e justa, ainda que os vaivéns e as circunstâncias diárias nos façam, por vezes, duvidar desse fato. Lembra-nos da existência do equilíbrio divino e implica a ideia de retribuição ou sanção por nossas ações passadas.

Sua aparição em uma leitura pode fazer referência a tribunais e assuntos legais de qualquer índole, especialmente a contratos. Quando acompanhada do Ás de Ouros, ou Ás de Copas ou o Hierofante, poderia indicar um contrato matrimonial. Pode também aparecer quando a pessoa está preocupada e duvida se o que tem a fazer é justo ou não. Ou em circunstâncias nas quais há de fazer algo que nos resulte desagradável.

9 – O Ermitão

Um ancião com roupas de cor arroxeada está sentado à porta da cabana com um livro no colo e uma lâmpada a seus pés. O bastão em que se apoia ao andar descansa à direita. Ainda que tenha estudado muito e meditado, é consciente de que ainda tem muito a compreender e a descobrir.

O número 9, correspondente a este arcano, está carregado de valor simbólico e ritualístico. É três vezes 3, mas ao mesmo tempo também é a soma das nove cifras que o precedem, pois seu total é 36, cujos dígitos somados dão 9.

Considera-se que o 9 represente a realização de um ciclo. É o número designado tradicionalmente aos Mestres, aos iniciados de um nível superior, a todos aqueles seres que já percorreram um bom trecho do caminho e com sua presença nos beneficiam, quer se trate de seres incorpóreos ou de seres, todavia, revestidos de uma envoltura física. Mas o velho ermitão fez voto de silêncio. A verdade não pode ser transmitida de fora. Temos de descobri-la por nós mesmos. O silêncio e a solidão, às vezes, são necessários. Além do mais, para que emerja a verdadeira sabedoria, não pode haver distrações. Qualquer preocupação mundana, sem importar o pequeno que possa parecer, se ouvirá como gritos que se extinguem na silenciosa luz interior. Mas ao mesmo tempo, também devemos livrar-nos da confusão interior, não somente da exterior. O isolamento e a separação do mundo são de grande ajuda. Esse é o caminho do Ermitão, que se introduz no escuro para que a luz lhe seja revelada quando estiver preparado.

Usualmente, uma vez que tenha aprendido as lições e tenha visto sua real sabedoria, O Ermitão recolhe sua lâmpada e volta ao mundo para ajudar, para que outros também sejam conscientes do seu próprio potencial. Ele ajuda de uma maneira misteriosa, mas a verdadeira sabedoria e a autêntica iluminação sempre vêm do interior. Um mestre pode dizer ao seu aluno como encontrou a sabedoria, mas o aluno deverá seguir e encontrá-la por si mesmo.

Personalidade: A fé nos níveis superiores e a paciência para suportar e vencer as tribulações deste mundo nos abrem o caminho para o desconhecido. O Ermitão inspira-nos prudência, paciência, solidão sabedoria e abnegação.

Plano afetivo: Em nível do Ermitão, os laços afetivos são fortes e profundos, mas permanecem sem se manifestar. Seus sentimentos são interiorizados. Com frequência, a aparição do Ermitão faz referência ao celibato, quer seja este voluntário ou não.

Profissão: Qualquer projeto e qualquer atividade estarão muito atrasados. A lentidão com que se desenrolam os acontecimentos pode ser desesperador. Se quisermos ver resultados concretos, deveremos estruturar muito bem os projetos. Não obstante, o Ermitão é muito favorável para tudo o que tenha a ver com trabalhos de pesquisa ou de ensino.

Saúde: Problemas de ossos, especialmente de coluna.

Economia: Restrições financeiras. Austeridade. O dinheiro chegará com dificuldade e gerará mais problemas do que benefícios. Contratempos imprevisíveis desequilibrarão o orçamento do consulente, complicando-lhe a vida.

Espiritualidade: A busca constante do conhecimento e da sabedoria nos leva à espiritualidade.

Síntese do Arcano: A aparição do Ermitão é uma chamada para aprender mais acerca de si mesmo e da natureza de sua existência. Todas as pessoas recebem essa chamada em algum ponto de suas vidas. Tomam-no como um sinal de que seus problemas e seus assuntos mundanos podem esperar; há um trabalho maior, no seu interior, que tem de ser feito agora. É necessário que o faça na solidão. Pode referir-se a um problema que deve solucionar ou a uma parte da sua natureza com a que deve tratar antes de prosseguir com a situação atual. A aparição dessa carta pode também indicar uma pessoa que encarna as características do Ermitão, e cujo conselho será conveniente que o siga.

10 – A Roda da Fortuna

Na imagem vemos dois animais e duas figuras humanas sobre uma roda que gira sobre um eixo alado. O número 10, correspondente à Roda da Fortuna, leva-nos de novo à unidade. É uma unidade de ordem superior. Com o 10, tudo começa outra vez, mas em um nível distinto. A roda tem cinco raios. É um símbolo solar e também da criação contínua que renova uma e outra vez tudo quanto existe. É a roda da vida, a roda do nascimento e da morte, das reencarnações. A deusa Fortuna está instalada na parte alta da roda, enquanto que na parte baixa vemos a desgraça simbolizada por uma mulher derrotada pelas circunstâncias da vida.

Desde sua posição privilegiada, a Fortuna vê todo o trajeto dos seres, que tanto baixam quanto sobem. Além do mais, tem poder para retardar ou acelerar a rapidez com que a roda gira. Os dois animais são uma raposa e um coelho. O movimento incessante da roda leva-os constantemente da luz às trevas, de baixo para cima e vice-versa. Um deles sobe para o céu ou para a luz. Pronto para a realização das suas ações encontra-se em um processo de evolução ativa. O outro vai para a terra, para as trevas e para as vivências mais duras. Mas a roda gira sem cessar. O que agora sobe, logo descerá.

Personalidade: O dinamismo e uma boa disposição aceleram os resultados de uma forma positiva. Em geral, essa carta preconiza transformações e energia construtiva, mas também, os imprevistos do azar.

Plano afetivo: Encontros inesperados por motivo de uma viagem ou de uma mudança. Novas relações que rapidamente se instalam em nossa vida. Em geral, todos os laços afetivos se reforçam. Bom atendimento e harmonia, tanto nas relações de amizade quanto nas sentimentais.

Profissão: Favorece tudo o que tenha a ver com o comércio. Os projetos longamente preparados chegam a materializar-se com grande rapidez.

Saúde: Pode indicar tanto uma chegada inesperada de energia que revitaliza de imediato todo o organismo quanto uma perda de força e de vitalidade.

Economia: A sorte e o azar dão pé para que a situação econômica melhore. Em geral, qualquer assunto do tipo monetário sairá bem.

Espiritualidade: Por suas conotações com os "ciclos da vida" e também com a roda das reencarnações, as conexões espirituais dessa carta são muito extensas e evidentes.

Síntese do Arcano: A Roda da Fortuna traz à nossa vida energia vivificante, expansiva e impessoal. Invariavelmente representa a mudança, o movimento e os giros inesperados do destino. Significa acontecimentos e experiências que estão fora do nosso controle e por isso a possiblidade de que as coisas não saiam como esperávamos. Às vezes, será um encontro inesperado e outras, um sucesso que não seria possível prever. Se a situação atual é muito boa, deve preparar-se a fim de enfrentar momentos de certa dificuldade. Se for má esteja seguro de que logo vai respirar aliviado.

Essa carta mal acompanhada pode representar uma pessoa demasiado otimista, com altibaixos, lunática, que bebe ou come em excesso, a quem sempre lhe surgem as mesmas dificuldades e com frequência esquece das promessas feitas.

11 - A Força

Vemos uma mulher em pé, de aspecto majestoso, que com a mão direita sustenta o que parece ser uma coluna de mármore, enquanto que com a esquerda aponta um leão que está junto a ela, como subjugando-o com esse simples gesto. Uma força espiritual interior confere-lhe a confiança necessária para realizar essa proeza. Evidentemente, se trata de uma alegoria: são duas forças muito distintas que, unidas, podem resultar eficazes para alcançar quase qualquer coisa, tanto no campo material quanto no espiritual.

O número 11 é formado por duas unidades, mas uma delas é de ordem superior. Por isso, para alguns, o 11 é um número que implica conflito, uma luta entre dois campos díspares: a plenitude do 10 e a simples unidade do 1. Mas essa luta não o converte por força em negativo. Ou melhor, pelo contrário, possui em si mesmo um conhecimento precioso que pode ser descoberto por quem se dedique um pouco ao seu estudo.

Curiosamente, para os árabes, o conhecimento de Deus se adquire através de 11 etapas. Por sua parte, o leão, símbolo solar por excelência, representa as forças do instinto e também o orgulho e as baixas paixões. No Ocidente, emblema da força bruta e da agressividade, este animal foi utilizado no antigo Egito para encarnar a vigilância e na China para referir-se à sabedoria. A Força vem dizer-nos que possuímos o poder de dominar qualquer situação, graças à nossa força interior. Para o que é necessário ter fé, vontade e confiança em si mesmo, qualquer que sejam os sucessos ou as circunstâncias externas.

Personalidade: A poderosa energia física, mental e espiritual disponível para a pessoa nesse momento confere-lhe todas as possibilidades de alcançar sucesso. Essa carta indica também uma dose extra de ânimo e determinação, além de vitalidade.

Plano afetivo: Indica sentimentos fortes e poderosos. Encanto pessoal e magnetismo harmonizam-se para consolidar a relação. É frequente que a carta da Força anuncie novas relações sentimentais.

Profissão: Sua autoridade, poder e magnetismo pessoal jogam a favor do consulente em todas as suas relações profissionais. Os projetos que tenha entre as mãos serão coroados pelo sucesso. Não lhe será difícil impor suas ideias e utilizar ao máximo suas possibilidades.

Saúde: Vitalidade fora do comum. Ausência de qualquer tipo de problemas de saúde.

Economia: Situação financeira sólida e equilibrada. Em caso de dificuldades econômicas serão prontamente resolvidas.

Espiritualidade: Uma espécie de grande força interior abre enormes possibilidades no campo espiritual e evolutivo.

Síntese do Arcano: A mulher domina o leão com doçura e suavidade. A aparição da Força em uma leitura costuma indicar que esta qualidade é precisamente a que agora necessita o indivíduo. Pode ser um lembrete para não ceder ao desânimo e à desesperança, para não abandonar. Com perseverança e força interior, finalmente o triunfo será seu. Esforçou-se demasiadamente, busque o descanso. Mudança de atividade. Se tiver que lidar com circunstâncias ou pessoas muito difíceis, lembre-se de que os maiores resultados conseguem-se com a suavidade, não com a violência. Essa carta também pode ser um indício de que a pessoa se encontra no momento presente em uma posição de força que lhe permitirá acometer trabalhos ou empresas que em outras circunstâncias seriam difíceis ou arriscados. Mal acompanhada, essa carta pode representar uma pessoa agressiva e violenta, vaidosa, demasiado passional, impulsiva, presunçosa e que gosta de estar sempre em evidência.

12 – O Enforcado

Vemos um jovem que, de cabeça baixa, está amarrado pelos tornozelos a uma barra de ferro horizontal. Quase nu e com as mãos nas costas, o jovem não parece sofrer com a incômoda postura. Sabe que seu sacrifício não é em vão e que deste modo encontrará o caminho da serenidade e do equilíbrio entre o mundo material e o caminho espiritual. O número 12 foi sempre o número das divisões espaço-temporais. Doze são os apóstolos, os cavalheiros do Graal, os meses do ano, os signos do Zodíaco e as horas do dia e da noite. Antes da adoção do sistema métrico, as medidas especiais tiveram sempre esse número por base. Para os egípcios, eram doze as portas que levavam ao além, correspondentes às doze etapas da iniciação. O fato de o número 12 sera formado por duas vezes seis indica-nos que no caminho da evolução, para os níveis superiores, as provas não podem ser evitadas. Só quem passou pelo sacrifício e pelo sofrimento poderá chegar à sabedoria, à paz, à serenidade, à simplicidade e à humildade. Perante as obrigações e os imperativos da vida, vemos esse jovem sereno, em uma postura de atenta espera. Resignado, aproveita o melhor que pode desse momento para descansar e recarregar-se. Com a cabeça para baixo, o fato de ter as mãos nas costas indica-nos sua renúncia a atuar. Observa o mundo de uma maneira pouco usual. Ao contrário! Isso lhe permite ver as situações e as circunstâncias de um modo muito distinto do comum e que aparentemente desafia toda lógica, dando-lhe acesso a um ponto de vista muito diferente do que têm os demais. Nessa posição, capta detalhes que aos outros se lhes escapam e que muito o servirão quando voltar a ficar em pé outra vez.

Personalidade: Renúncias, provas e sacrifícios. A submissão ao superior e a entrega desinteressada de si mesmo são os traços que marcam a pessoa relacionada com essa carta.

Plano afetivo: Sacrifícios e resignação também no plano afetivo e sentimental. Pode indicar um rompimento ou anunciar falsas esperanças e erros em uma relação, quer seja amistosa ou afetiva.

Profissão: Mau momento para criar sociedades. Há perigo de perder uma parte importante de poder e prestígio. Também, risco de perder o emprego.

Saúde: Pouca vitalidade, perigo de cair em processos depressivos.

Economia: Possibilidade de perdas materiais. Certos compromissos não poderão cumprir-se. Perigo de roubo e de desastre.

Espiritualidade: Todas as circunstâncias externas favorecem o crescimento espiritual e a evolução em níveis superiores.

Síntese do Arcano: O Enforcado apresenta-nos certas verdades, mas essas verdades encontram-se ocultas precisamente em seus opostos. É a imagem de todos os deuses que se sacrificam para logo emergirem vitoriosos. Sua aparição em uma leitura vem nos dizer que o melhor enfoque para solucionar um problema nem sempre é o mais evidente. Quando mais necessitamos exercer nossa vontade sobre alguém, talvez seja quando mais devamos deixá-lo em liberdade. Quanto mais desejemos que as coisas se façam à nossa maneira, mais deveremos sacrificar-nos. Quando mais queiramos atuar, talvez seja o momento de esperar. E o surpreendente é que realizando essas ações aparentemente contraditórias, acharemos e conseguiremos precisamente o que estávamos buscando. Por tudo isso, a aparição dessa carta pode indicar que é o momento de prescindir de algo, já que o Enforcado significa especialmente o sacrifício voluntário. Talvez se trate de uma relação, um emprego sem oportunidades, alguns estudos equivocados ou uma série de crenças.

É necessário analisar detidamente nossa vida para descobrir se é precisamente isso que devemos sacrificar em favor de um bem em nível superior. Pelo lado mau, essa carta pode representar uma pessoa influenciável, maleável, resignada, demasiado acessível, irrealista ou idealista nada prática, demasiado absorta em seus problemas, descuidada, que vê o mundo ao revés, vítima ou que vive de fantasias.

13- A Morte

Armado com uma foice, um esqueleto protegido sob um curioso guarda-sol vai ceifando tudo o que interrompe seu caminho ou tudo que chegou a ser inútil. Entre os objetos que há no solo vemos uma tiara papal, uma mitra de bispo, um serrote, um compasso, um cepo, um machado e algumas outras ferramentas. Essa carta anuncia uma etapa significativa na vida da pessoa. Não se pode voltar atrás. É necessário seguir adiante a fim de que a transformação tenha lugar. O número 13 não é um número que passe despercebido, nem que deixe indiferente, ninguém. O mais usual é que não goze de muitas simpatias, pois desde tempos antigos foi considerado nefasto, com símbolo de mau augúrio. Mas, além das superstições, o número 13 indica o final de um sucesso ou de uma dada situação, ainda que ao mesmo tempo nos anuncie uma renovação, uma reconstrução e um novo começo.

Apesar do seu aspecto pouco tranquilizador, a aparição dessa carta não deve ser interpretada por perigo de morte, nem risco físico. Desprovido de todo o superficial, o esqueleto vai segando os elementos indesejáveis, pois sabe que para poder ascender a uma existência melhor, a pessoa deve liberar-se de todas as exigências materiais e dirigir-se pela verdade.

A foice faz-nos também pensar, inevitavelmente, na dor física e nas feridas psicológicas e não pode senão provocar inquietude. Não obstante, tudo o que corta não é senão ilusões, pelo que assim nos leva à libertação, à verdade e à realidade. Antes de seguir adiante é bom tomarmos um momento para olhar para trás. Traz algo que não lhe é necessário? Deixe-o antes de prosseguir. Estão detendo-o suas velhas atitudes, ou o decepcionam com frequência suas grandes expectativas? Deixe-as, permita que a energia purificadora e renovadora dessa carta as arraste para longe. Abra-se e desfaça-se de tudo o que já não necessita: medo, vingança, intolerância etc. As flores não podem brotar se a terra estiver cheia de mazelas que obstruem o solo. Do mesmo modo, a dúvida e o medo somente atrasarão sua iluminação espiritual. Permita que se vão agora ou se arrisque a que a vida os arranque de modo doloroso e inevitável.

Personalidade: A transformação e a renovação implicam mudanças muito importantes. A presença dessa carta pode anunciar tristeza, atrasos, fatalidade e desapego, mas também renovação e uma nova vida.

Plano afetivo: É indício de separação, de alheamento e inclusive talvez, de uma ruptura familiar, sentimental ou de amizade. Costuma mostrar o final de uma relação, de um amor ou de uma amizade. Pode ser presságio de um divórcio e sem dúvida, de penas e lágrimas.

Profissão: Anuncia o final de um período na vida profissional do indivíduo. Está se aproximando uma mudança radical, uma renovação completa e total. Pode ser a jubilação, perda do emprego presente ou mudança total e drástica de atividade profissional.

Saúde: Fragilidade. Cuidado com os golpes e com as feridas.

Economia: Perigo de crise financeira. O dinheiro se apresentará com dificuldade e, às vezes, deixará totalmente de chegar. As obrigações contraídas serão causa de grande inquietação.

Espiritualidade: A presente passagem de um estado a outro totalmente diferente no plano físico e material abre a possibilidade de renascimento no âmbito espiritual.

Síntese do Arcano: Indica o final de uma época, o momento em que uma porta se fecha, mas outra se abrie. Por isso pode implicar tristeza, mas também leva implícita a ideia de um descanso e, sobretudo, o sentimento de haver completado algo. Outro significado dessa carta é uma volta ao básico, ao essencial, um desprender-se do que não é importante nem necessário. A morte, igual a outros sucessos que acontecem em nossas vidas, é algo inevitável. E quando chegam esses momentos, o melhor é procurar permanecermos conscientes, entregar-nos às mãos do destino e ver para onde nos leva. Resumindo, podemos dizer que essa é sempre uma carta séria e que costuma representar uma época intensa e importante da vida.

14- A Temperança

Com movimento suave e tranquilo vemos como uma mulher jovem verte o líquido vital de uma vasilha a outra. Este fato se realiza eternamente. É a passagem do espiritual ao material, que origina uma renovação perpétua em total harmonia, com paz e conciliação. O número 14 representa o reversível. São catorze os dias em que a lua cresce e outros catorze dias em que diminui. Trata-se de uma representação da harmonia perfeita entre o material e o espiritual, que nos lembra o eterno fluir da vida em nível cósmico. Nada se perde, nada desaparece, simplesmente tudo se transforma. Ao mesmo tempo nos mostra a necessidade de esforçarmo-nos por manter um equilíbrio entre os dois planos nos quais transcorre nossa existência. Enquanto estivermos neste mundo, não poderemos nos desprender nunca dos aspectos físicos de nossa natureza, das suas necessidades e das suas exigências. Não obstante, se sucumbimos a eles totalmente, há perigo de que caiamos na animalidade. A água, por sua vez, é a fonte de vida, a que permite a fecundação, a pureza e a regeneração. É o líquido indispensável para a vida do ser humano e de todos os animais e plantas. Também é um símbolo da sabedoria e da vida espiritual. As vasilhas entre as quais flui são representações do Santo Graal, o misterioso receptáculo sobre o qual tanto se tem escrito e especulado.

Personalidade: A serenidade e a harmonia, a sociabilidade, a adaptação, a modéstia, a paciência e a moderação são as qualidades mais destacadas da pessoa.

Plano afetivo: Antes de nada, essa carta é um indicador de amizade. Resulta, pois, muito favorável para todas as relações, já que harmoniza os sentimentos. No ambiente familiar prediz paz e serenidade. Pode também anunciar novos encontros e uma amizade sincera.

Profissão: Na vida profissional predominam as boas vibrações e a relação harmônica com os companheiros. A evolução profissional é lenta, mas ascendente. Pode esperar-se melhora das condições atuais.

Saúde: Se a preocupação da pessoa tem a ver com o estado de saúde, a aparição dessa carta é o melhor augúrio, pois promete sempre vitalidade e bem-estar.

Economia: A situação financeira melhorará substancialmente e novas iniciativas permitirão alcançar saudável equilíbrio econômico.

Espiritualidade: Desde a suprema harmonia cósmica, poderosas energias espirituais fluem para a pessoa.

Síntese do Arcano: Ao aparecer em uma leitura, a Temperança simboliza o equilíbrio, a moderação e a cooperação com os demais. Se pusermos um pouco de boa vontade de nossa parte, será possível recuperar a harmonia em qualquer situação em que tenham ocorrido discussões ou controvérsias. Pode indicar uma necessidade de moderação, se é que estamos cometendo algum excesso, mas também uma renovação da criatividade e da inspiração.

15 – O Diabo

Vemos um personagem com dois chifres, garras e asas de morcego, na boca de um animal monstruoso, sentado sobre sua língua, enquanto parece discutir com o extremo da sua cauda, que curiosamente é a boca de uma serpente. O diabo atua a partir da matéria. Atrai o ser humano para a tentação e leva-o a exteriorizar seus instintos naturais. Ainda que sejam várias as combinações de números que nos permitem chegar ao número 15 (5 × 3, 10 + 5, 11 + 4), o fato é que com este número voltamos a encontrar a raiz esotérica do 6, quer dizer, o número das dúvidas e das incertezas. Nesse caso o ser humano se vê enfrentando dois possíveis caminhos. Um o leva à luz; o outro, à escuridão da matéria.

Em uma primeira apreciação dessa carta não se encontra nela harmonia alguma. O conjunto resulta absurdo. Não obstante, a concordância se faz no interior, na mensagem oculta desta imagem grotesca e disparatada que sugere a necessidade de aprender a ver mais além das aparências. A palavra "diabo" provém do grego e significa "caluniador". Calúnia, mentira, falácia e parcialidade é o que encontramos ao nos fixar apenas nas aparências, sem que cheguemos a compreender a essência profunda e verdadeira das coisas. Afortunadamente, quem deseje liberar-se das correntes da ignorância pode fazê-lo e desse modo entrar na luz. É necessário transmutar toda essa energia negativa em positiva. Quem crê que pode, realmente pode. Observe-se detidamente a si mesmo e trate de ver o que não havia visto antes. E lembre-se de que não pode existir sombra sem luz. O único diabo que existe é o que nós próprios criamos.

Personalidade: O Diabo anuncia maquinações, intrigas, orgulho, desejos e tentações. Pode ser indício de um domínio abusivo.

Plano afetivo: Indica relações violentas, passionais e dominantes. É uma carta muito pouco favorável ao ambiente doméstico, pois provoca maus entendidos e discussões. Pode predizer relações passageiras e sem futuro.

Profissão: O domínio e a supremacia sobre os demais podem levar a certo sucesso profissional e social. No âmbito laboral, essa carta indica que todos os meios se consideram válidos para alcançar a finalidade perseguida. Ambições desmedidas.

Saúde: Perigo de infecções e também de enfermidades de transmissão sexual.

Economia: No aspecto material essa carta é positiva. O controle e o domínio sobre o material geram entradas importantes de dinheiro ainda que haja perigo de cair em atos ou em práticas ilegais. A necessidade de ter cada vez mais pode levar a pessoa à obsessão pelos bens materiais.

Espiritualidade: As forças em jogo são muito poderosas, mas a evolução dirige-se mais ao material do que ao espiritual.

Síntese do Arcano: O Diabo costuma ser o símbolo do mal e do indesejável, pois vemos o mundo como uma luta entre a luz e a escuridão, e queremos que o bem vença o mal. Não obstante, a realidade é que o bom e o mal não podem se separar, do mesmo modo como resulta impossível separar uma sombra do corpo que a causa. A escuridão é simplesmente uma ausência de luz e é causada pelos erros que ocultam a verdade. Essa carta mostra-nos esses erros. O primeiro deles é a ignorância: não saber a verdade e não nos dar conta de que não a sabemos. O segundo é o materialismo: a crença de que fora do físico não há nada mais. Tais e quais seres espirituais que somos, nossa essência está desejosa do divino, mas ao confiar somente nos sentidos físicos perdemos o contato com essa divindade.

A aparição dessa carta em uma leitura costuma indicar que fomos apanhados em uma situação improdutiva e malsã. Talvez não queiramos ver a verdade acerca de algo nem suas implicações, ou talvez o consulente esteja obcecado com uma ideia, uma pessoa, uma substância ou padrão de comportamento que seja negativo para ele. Em qualquer caso, a aparição do Diabo é um indício de que devemos revisar cuidadosamente nossas crenças, assegurando-nos de não estarmos trabalhando com base num quadro que não corresponde em absoluto à verdade.

16 – A Torre

Vemos uma torre de pedra que é atacada por um raio. Em consequência disso, seus habitantes são precipitados ao vazio. Cometeram o erro de quererem elevar-se ao mundo do poder e do materialismo, esquecendo-se totalmente dos valores espirituais. A sanção é severa: todas as suas energias vão ser recicladas. Vão voltar à terra a fim de dar passagem a um novo ciclo na evolução, um ciclo em que o espiritual não seja esquecido.

O número 16 é formado por 10 e 6, é 4 × 4, o material elevado ao quadrado. De semelhante força e prepotência materialista, é impossível libertar-se, salvo através da destruição das próprias estruturas materiais.

Símbolo da vigilância e da ascensão, a Torre representa o eixo do mundo, quer dizer, a união entre o Céu e a Terra. Evoca também a Torre de Babel, que convertida em amostra do orgulho humano, desejoso de elevar-se ao mesmo nível de Deus, termina em confusão, dispersão e catástrofe. Assim, vemos como a torre da ignorância é derrubada por uma labareda que simboliza o poder de vida. É evidente que a cena representada nessa carta mostra uma catástrofe, mas esse desastre é apenas aparente porque o único que se destrói é o erro e seu lugar será ocupado pela verdade. Em nível interior, a destruição da torre é o colapso dessa fortaleza chamada ego.

Quando construímos um muro para esconder nosso eu real, devemos saber, cedo ou tarde, que essa parede virá abaixo. As fantasias são particularmente propensas a serem aniquiladas pelo poder dessa carta: a Torre dissipa-as como o calor do sol afasta a neblina. As fantasias e as ilusões não nos ajudarão em nada para o lugar a que nos dirigimos, por isso é melhor deixá-las agora. Não ponha a sua fé em ilusões de segurança.

Personalidade: Choques e sacudidas representados por essa carta virão contrariar nossos projetos e nossas esperanças. A Torre anuncia sempre fracassos, quedas, acidentes e destruição.

Plano afetivo: Indica desacordos conjugais, conflitos entre amigos, separação sentimental e inclusive divórcio. Às vezes, é um mal-entendido o que desencadeia tudo. Os problemas da relação costumam, com frequência, gerar uma crise moral.

Profissão: A oposição dos demais e os mal-entendidos fazem perigar a atividade profissional da pessoa. Pode indicar perda de emprego, reestruturação de quadro de funcionários ou inclusive quebra da empresa.

Saúde: Representa um hospital ou um centro médico. Pode indicar intervenções cirúrgicas ou, pelo menos, um exame ou análise realizado em um hospital.

Economia: Há catástrofes econômicas à vista. A falta de dinheiro pode gerar uma situação preocupante e inquietante. Um dinheiro que devia receber não chega, e os problemas e dificuldades que isso causa são grandes.

Espiritualidade: Em geral reina a confusão. Mas essa destruição das ambições pode abrir a porta aos sentimentos humanitários e à compreensão.

Síntese do Arcano: A Torre representa sempre uma mudança, repentina, espetacular e, às vezes, dramática. Quando as mudanças são paulatinas e graduais, permite que nos adaptemos. Outras vezes, não obstante, sua ação é rápida, inclusive explosiva e isso é o que representa a Torre. Mas, as crises repentinas que surgem em nossa vida vêm sempre nos despertar. Algo andava mal e não fizemos nada a respeito. É demasiado orgulhoso? Seu ego vai sofrer um desengano. Está se negando a ver algo? Logo, vai dar-lhe um tapa na cara. Vive protegido na sua torre de marfim? Os elementos a destruirão antes do que imagina. O que importa agora é como responde ao acontecimento anunciado pela Torre. Antes de qualquer coisa, é preciso reconhecer que o cataclismo ocorreu porque era necessário. Talvez seja demasiado pedir-lhe que abrace com alegria esse tipo e mudanças, não obstante, deva, sim, procurar ver a parte positiva que há nelas. Comprovará que o forçaram a mudar de direção. Por si mesmo nunca haveria feito.

17 – A Estrela

Uma jovem despida está ajoelhada no chão, ao lado de um lago despejando água de duas vasilhas que traz nas mãos. Sobre esta figura feminina, a estrela que simboliza Vênus, domina a cena rodeada de outras sete estrelas menores. O número 17, que representa a Estrela, é um número cósmico de esperança e de fé, símbolo da harmonia radiante e do equilíbrio ativo. É a soma do número 10, que é o ciclo universal, e do número 7, o número sagrado por excelência.

Na mitologia, Vênus, ou a estrela da manhã, simboliza a ressureição, pois representa a passagem do dia para a noite e vice-versa. Nesta carta, encontramos outra vez, como na Temperança, o símbolo da água despejada. Naquela, a água jorrava de uma jarra para a outra, enquanto que na Estrela, despeja-se diretamente no lago, saindo de duas jarras. Tudo nessa carta evoca a paz, a espiritualidade e a harmonia: um lago de águas azuis, uma jovem formosa e pura, um céu cheio de estrelas e algumas flores no campo. Poucas cartas há mais positivas do que a Estrela, porque quando aparece em nossa vida representa nada menos que um farol de esperança e inspiração. Nos momentos de escuridão mostra-nos que há um caminho para sair dela e diz-nos que devemos preocupar-nos, já que a luz e a liberdade estão próximas. Tudo o que necessitamos é algo em que depositar nossa fé. Confie em si mesmo e nos poderes que controlam o Universo, para que o ajudem a superar os momentos difíceis. Deixe que a energia infinita da

Estrela o aqueça e lhe rejuvenesça a alma, proporcionando-lhe a força e a clareza de que precisa para continuar seu caminho.

Personalidade: A esperança e a fé possibilitarão a realização de todos os projetos. A Estrela anuncia encanto, movimento, doçura, diversão e confiança.

Plano afetivo: É um indício de sentimentos profundos e sinceros. Ajuda na realização de todos os desejos afetivos. Permite a serenidade no ambiente familiar e também a felicidade conjugal. Anuncia novas amizades e encontros harmoniosos.

Profissão: Favorece todas as atividades, especialmente as que tenham a ver com a arte ou a beleza. Em todos os demais casos, sua influência é também benéfica. Qualquer empreendimento em que estejamos implicados, se verá encaminhado para o sucesso.

Saúde: Igual ao que ocorre com a Temperança, o líquido regenerador confere uma grande vitalidade em todos os sentidos.

Economia: A sorte estará do seu lado. Há possibilidade de que lhe chegue certa quantia de dinheiro. Qualquer aquisição ou operação financeira tenderá a sair bem e as preocupações por esse tema serão mínimas.

Espiritualidade: A fé em si mesmo e nas próprias capacidades é o farol que ilumina seu caminho.

Síntese do Arcano: O ser humano olhou sempre para as estrelas em busca de inspiração e esperança. Há algo na sua luz cintilante que nos tira de nós mesmos e eleva-nos a um plano superior. Quando voltamos os olhos para o céu, deixamos de sentir por um momento os pesares da Terra. Tradicionalmente a Estrela foi considerada uma carta cuja contemplação nos eleva, tanto espiritual como emocionalmente. Sua aparição em uma leitura é sempre considerada uma bênção que vem nos tranquilizar e nos dizer que tenhamos fé no futuro. Assegura que encontraremos a paz e a felicidade que merecemos, que tenhamos abertos nossos corações e que deixemos de lado os medos e as dúvidas. É o momento de dar com toda a generosidade. A Estrela traz inspiração, eleva o espírito e dá ânimo. Vem dizer-lhe que está no caminho correto, anima-o a seguir e o abençoa na sua senda. Não obstante, para alcançar o que espera, deverá passar para a ação. A luz da Estrela o ajudará nos seus esforços. Pelo mau aspecto, pode sugerir a tendência a construir castelos no ar.

18 – A Lua

Neste arcano vemos o astro da noite representado como a Deusa Caçadora. O número da Lua converte-se em 9, que significa uma ascensão em um nível mais elevado, ainda que acompanhada de sofrimentos e tribulações. Símbolo de toda criação imaginativa, a Lua simboliza os ritmos biológicos, a passagem do tempo e o conhecimento indireto. Ela cresce, decresce e desaparece, para em seguida, começar outra vez a crescer. É um astro submetido à lei universal e cíclica do nascimento e da morte. Passiva e receptiva, foi sempre um símbolo do feminino e da fecundidade, assim também da intuição. O cão que acompanha a Lua-Diana e que simboliza os instintos primitivos cumpre sua função de guardião e defensor. O caranguejo, que vemos na parte superior esquerda da carta, também é um animal associado à Lua desde tempos imemoriáveis, talvez por sua qualidade de se deslocar para trás como o faz o astro.

A Lua representa o subconsciente, o reino dos sonhos, os temores, as recordações, qualquer pensamento não conectado com o aqui e agora. Abraça as esperanças e os medos do futuro e a recordação do que já ocorreu. Os psicólogos a chamam de "o subconsciente", o lado escuro, porque contém sentimentos e emoções ocultos que influem em nosso comportamento. A Lua também representa o medo do desconhecido. Pode resultar desalentador observar o subconsciente de si mesmo. É muito difícil chegar a ele porque o temos rodeado por um escudo semelhante à couraça do caranguejo e permanece oculto no fundo da nossa mente. Assim mesmo, a Lua fala-nos de ciclos, pois se trata da influência astrológica que avança com mais rapidez, cruzando o Zodíaco uma vez ao mês. Muita gente inicia projetos, mas nunca os acaba. Começa elaborando um sonho ou uma imagem do que gostaria de fazer, mas nunca chega até o final. Sua presença lembra-nos do signo astrológico de Câncer.

A aparição da Lua em uma leitura quase sempre significa que algo não é como parece e que será necessário vigiar e afinar a percepção, a fim de encontrar o que está oculto, antes que seja demasiado tarde.

Personalidade: A imaginação e a sensibilidade excessivas podem conduzir à passividade e aos sonhos. Essa carta pode anunciar escuridão, angústias, indolência e decepções, mas também um aguçamento da intuição.

Plano afetivo: Indica apego ao lar e à família. Grande sensibilidade com sentimentos silenciosos, mas reconfortantes. Pode possibilitar encontros inesperados que poderiam desembocar em mudanças familiares. Em alguns casos, essa carta também pode indicar matrimônio.

Profissão: Bom augúrio para todos os trabalhos que tenham a ver com a imaginação e a atividade criativa. Também favorece o sucesso através de outros, o contato com o público e a clientela. Boas perspectivas para tudo que sejam contatos e relações sociais. A popularidade joga nesses casos um papel muito importante.

Saúde: Os que têm tendências à depressão passarão por maus momentos. Possibilidade de crises nervosas.

Economia: Há riscos de que as coisas se compliquem, mas nunca será demasiado. Neste caso é muito provável que os gastos excessivos estejam relacionados com o lar.

Espiritualidade: As contradições internas e as dúvidas podem projetar uma grande sombra e obscurecer o caminho.

Síntese do arcano: A Lua é a luz do mundo das sombras, a luz da noite. Suas circunstâncias podem não ser as mais agradáveis, mas tampouco chegam a resultar aterrorizantes. A Lua inspira e encanta. Promete-nos que podemos alcançar tudo o que desejamos, guia-nos ao desconhecido e nos diz que permitamos que em nossa vida entre o estranho e o pouco usual.

A aparição dessa carta costuma indicar medos e ansiedades, como as que sentimos em plena noite. Também representa as ilusões equivocadas e a distorção da realidade, pois à luz do luar é fácil confundirmos e tomar uma coisa por outra. Há que ser precavidos e não deixar que as ideias falsas nos extraviem. Às vezes, essa carta vem precisamente nos dizer que perdemos o norte e estamos dando andando em círculos, ainda que pensemos que avançamos. Nestes casos é necessário esforçarmo-nos para retomar o caminho correto e a clareza de propósitos.

19 – O Sol

Vemos um jovem Apolo, vestido com um simples pano e coroado com uma coroa de louro, tocando o violino diante do sol, que o ilumina totalmente. A união do número 1 e do número 9, que formam o número 19, devolve-nos outra vez à unidade. Novamente se concluiu um ciclo evolutivo. Simbolizando e irradiando felicidade este número 19 possui um sentido de totalidade, de acabado e de harmonia. Por ser nossa fonte de luz e de vida, o Sol foi sempre considerado manifestação da divindade e foi adorado como tal até a chegada das grandes religiões monoteístas. Seus raios estendem-se generosamente, criando as formas e as cores. Sua influência enche-nos de vitalidade, inteligência, força e energia positiva.

Símbolo também de criação, o Sol estende sua fecunda influência sobre o plano espiritual. Feliz do seu papel no Céu e no coração do homem, o Sol dessa carta mostra um rosto satisfeito. Como signo de confiança, não há nada mais poderoso do que ele. Em um mundo de caos, há, todavia, um ponto de silêncio e de calma que nos assegura que existe uma ordem subjacente, algum poder superior que nos abençoa e nos sorri todos os dias. Ainda quando as nuvens enchem o Céu, o Astro segue aí, à espera de uma oportunidade para romper a barreira da escuridão e fazer brilhar a sua luz. Em qualquer direção há uma oportunidade, e por trás de qualquer nuvem se esconde um sol que espera a ocasião para revelar-se diante de nós. A carta do Sol alude ao trabalho que fazemos como indivíduos, e destaca a importância do trabalho em si mesmo. Sem ele a gente se desanima, se deprime, perde o interesse. A moral está diretamente relacionada com a produtividade: quanto mais produtiva se sente uma pessoa, mais alta, tem a moral.

Em uma leitura, o Sol pode ter muitos significados, ainda que o principal seja o de sucesso e terminação. Pode ser um arauto de alegria e felicidade, o nascimento de uma criança, uma família estável, prosperidade material ou quase qualquer final positivo, sobretudo, nosso ápice. Terminou-se um ciclo e antes que comece o seguinte, há um período de luz e relaxamento de que se pode e se deve desfrutar.

Personalidade: O brilho e a atração natural da pessoa facilitam o sucesso e a aceitação. O Sol anuncia luz, sucesso, amor, alegria e triunfos.

Plano afetivo: Indica relações afetivas felizes. Anuncia matrimônio, felicidade e amor. É favorável, tanto para a amizade quanto para o amor.

Profissão: Uma ascensão ou promoção está a ponto de chegar e parece que tudo indica que vai entrar em um período de grande sucesso profissional e social. As relações de trabalho são muito harmônicas e o sucesso parece assegurado. Os projetos se concretizarão de forma fácil e natural e o caminho eleito será sempre o correto. É o momento de "brilhar".

Saúde: Bom nível de vitalidade geral, não obstante, existe risco de problemas cardíacos e também de queimaduras.

Economia: A situação financeira do consulente vai ser muito florescente, com abundantes entradas de dinheiro. É o momento em que frutificam todos os esforços realizados até agora. As preocupações econômicas desaparecem totalmente. No momento, tudo é abundância.

Espiritualidade: A luz do Sol ilumina a alma e faz irradiar amor espiritual.

Síntese do Arcano: Com seu universal significado de luz, força e esplendor, o Sol flui alegria, a luz e a vitalidade. Representa calor e energia em todos os campos, seja no trabalho, nas relações pessoais ou no aspecto econômico. Costuma ser o arauto dos bons tempos e anuncia que finalmente alcançará aquilo que tanto desejou e pelo que tanto lutou. Vai ter sucesso no que empreenda. Vai brilhar.

20 – O Juízo

Saindo do astro solar, um anjo de cabelos loiros toca a trombeta para despertar a consciência dos diversos personagens que figuram na carta e que se dispõem a voltar à vida. Intermediário entre Deus e o homem, o mensageiro divino é portador de uma boa notícia para a alma dos que estejam prontos para a ressurreição. O número 20 é resultado do 5 (número do homem realizado) multiplicado pelos quatro pontos cardeais, por isso simboliza ao mesmo tempo a ressurreição e o juízo, anunciando-nos o nascimento de um mundo novo. A trombeta do anjo é de ouro. Trata-se do instrumento destinado a anunciar os grandes eventos históricos e cósmicos. Seu som e seu alento permitirão que os humanos despertem sua consciência e possam ser conduzidos pelo caminho da iluminação, uma vez cumprida sua missão no mundo material. Ao som da trombeta, os humanos surgem da profundidade da terra com surpresa, todos eles nus. Assim é como renascem para a vida: despidos das suas angústias, das suas dificuldades, das suas provas, das suas desgraças e de todas as preocupações relacionadas com o mundo material. Com frequência, a aparição do Juízo em uma leitura sinaliza grande mudança, mas diferentemente da Morte e da Torre, a mudança não é destrutiva, mas está sob seu controle e de fato, inclusive pode dar-lhe as costas, se assim o desejar. Mas as decisões, como as que oferece o Juízo, são necessárias para o crescimento e o desenvolvimento espiritual. O dia para acertar as contas virá em algum momento, e então terá de admitir seus erros e receber as recompensas que merece.

O Juízo também é uma carta de limpeza, já que representa um momento no qual a lousa se limpa e pode começar outra vez, com todas as suas dívidas pagas. Ensina-nos assim mesmo que devemos ser conscientes do passado e das lições aprendidas, sem nos degradar pelos erros cometidos, pois são apenas parte da aprendizagem. Deixe o passado para trás e olhe para o futuro, pronto para começar de novo. Agora é o momento de dar um passo definitivo; não permita que as sombras do passado o detenham.

Personalidade: Grande entusiasmo e notável inspiração geram uma espécie de renovação na pessoa. O Juízo anuncia mudanças bruscas, renovação, ressurreição e melhoras em todos os aspectos.

Plano afetivo: Indica novos encontros afetivos. As relações evoluem muito rapidamente, mas de um modo sempre benéfico. Grande harmonia, tanto na amizade quanto no amor. Em geral, essa carta preconiza rápida e inesperada evolução da vida afetiva. As circunstâncias serão surpreendentes, mas positivas.

Profissão: Sucessos imprevistos geram efeitos muito positivos no trabalho. As mudanças são espetaculares e especialmente rápidas. A situação social da pessoa parece orientar-se para novas e promissoras perspectivas. Momento favorável para associações de grande envergadura. Possíveis deslocamentos ou inclusive troca de domicílio por causa do trabalho.

Saúde: Algum remédio ou medicamento novo possibilitará recuperação rápida e surpreendente.

Economia: Chega dinheiro que não se esperava, o que melhora a situação econômica e traz consigo grande tranquilidade. A sorte e a providência nos libertarão de todas as dificuldades econômicas, pelo que momentaneamente o bem-estar está assegurado.

Espiritualidade: Uma espécie de renascimento profundo gera e ilumina totalmente a pessoa.

Síntese do Arcano: Uma interpretação do arcano 20 tem a ver com os sentimentos relacionados à salvação. Perante a chamada do anjo nascemos de novo, limpos de toda culpa e de toda carga. Os erros do passado ficaram para trás e estamos prontos para começar de novo. Um novo ciclo, muito mais elevado e luminoso, inicia-se agora. Se passou por um período de moral baixa, pode assegurar-se de que chegou ao final dessa época escura. A renovação está na volta da esquina. Pode também significar a chamada da vocação, uma força inexplicável que nos impele para um caminho determinado em nossa vida. E finalmente, em uma interpretação muito mais literal, essa carta se relaciona também com juízos, tanto com o fato de julgar por nós mesmos a conveniência ou não conveniência de realizar uma ação determinada, quanto o fato de sermos julgados por outros e inclusive em um juízo oficial, especialmente se vier acompanhada da Justiça.

21 – O Mundo

Vemos uma figura feminina em pé sobre um plano que por sua vez descansa sobre a cabeça de um anjo e dentro de um arco de flores, símbolo de recompensa e honras. Nos cantos, quatro figuras que simbolizam os quatro elementos (ou os quatro evangelistas) enquadram a carta afirmando a sabedoria e a harmonia das leis universais. Para muitos, o número 21 encarna a perfeição por excelência, pois é três vezes o número cósmico 7. O arco de triunfo vegetal representa recompensa, coroação da obra e reconhecimento dos esforços realizados. A figura central veste uma simples faixa de tela de cor malva. Tanto a posição das suas pernas quanto a forma da tela, indicam um movimento evolutivo no mundo espiritual, após um longo percurso rico em ensinamentos.

Pode se pensar no Mundo como um tempo para o repouso, como o momento entre a morte e a vida, quando a alma espera a reencarnação no mundo material e chega a ser uno com o Universo de que veio. É o momento de desfrutar dessa sabedoria, saborear essa prosperidade e admirar a obra de arte pessoal que alguém criou. Dentro de pouco tempo, começará outra vez. A carta do Mundo marca um momento em que se terminou um ciclo e o seguinte começa. Representa o alcance final de todas as expectativas e desejos e a iminente aproximação de novos desejos a seguir e novas metas a alcançar. Essa carta é a confirmação do sucesso e a recompensa de todos os esforços. Com a chegada de O Mundo vem o sucesso assegurado e o bem-estar material, assim também a realização emocional e o desenvolvimento no aspecto espiritual.

Personalidade: A segurança e a harmonia de que agora se desfruta recompensam por todos os esforços realizados. O Mundo anuncia vitória, sucesso, perfeição e honras.

Plano afetivo: Acordos harmônicos e fortes. Proteção de todas as relações afetivas e amistosas. Facilita os encontros por motivo de viagens e mudanças. Outorga felicidade, alegria e amor.

Profissão: No mundo material, a energia dessa carta frequentemente se manifesta com uma promoção ou ascensão a uma posição mais elevada, ou como o início de um novo nível de conhecimento profissional com o que antes apenas se sonhava. Possíveis viagens ao exterior relacionadas com a profissão. É o momento de coletar as recompensas por todos os esforços realizados.

Saúde: Qualquer enfermidade retrairá e se recuperará rapidamente a saúde. No caso de viajar a países exóticos, será necessário tomar todas as precauções pertinentes.

Economia: Os assuntos financeiros melhorarão constantemente. O dinheiro entrará com facilidade. Todos os bens encontram-se sob uma espécie de proteção benéfica. A fortuna se incrementará de modo inesperado.

Espiritualidade: Todos os princípios cósmicos se unirão para que a pessoa se abra à harmonia e às leis da sabedoria.

Síntese do arcano: Em geral, a aparição do Mundo é um motivo de felicidade e um indício de harmonia, a confirmação de que tudo está funcionando devidamente e de que tudo está no seu lugar. É a personificação de um equilíbrio dinâmico, de uma conexão com tudo que nos rodeia e com níveis mais elevados da existência. Assim, felicidade e conexão são seus significados primordiais. Também está implícita nesta carta a ideia do sucesso alcançado, do cumprimento, de consagração, de metas alcançadas, de proteção e bênção. Este tempo, porém, do regozijo e da felicidade, está acima do êxtase, unicamente nos dará uma visão da seguinte montanha que logo se delineará no horizonte, pelo que, uma vez mais, deverá ascender e esforçar-se, preparar-se para iniciar uma nova viagem do Louco e para descobrir os segredos que jazem neste nível de existência. O ciclo dos Arcanos Maiores inicia-se onde termina e termina onde começa; o início e o fim não são o final de uma linha reta, senão pontos coincidentes no círculo que encerra a vida da pessoa. O presente é agora. O futuro é agora. A eternidade é agora.

Os Arcanos Menores

As cinquenta e seis cartas que formam os Arcanos Menores estão divididas em quatro naipes: Ouros, Copas, Espadas e Paus. Cada um destes quatro naipes contém dez cartas numeradas de 1 a 10 e quatro figuras da corte, O Rei, a Rainha, o Cavalo e o Valete.

As figuras da corte costumam representar pessoas que têm certa relevância na vida do consulente, enquanto que as cartas numeradas refletem os motivos conscientes e inconscientes que nos impelem a agir, e também as possíveis direções que tomarão nossos atos.

Os ouros

Os Ouros vinculados com o elemento Terra têm sempre a ver com a realização, qualquer que seja a forma ou o significado que essa possa ter para a pessoa. Seu sentido prático costuma estar relacionado com o trabalho produtivo, com a organização e especialmente com o dinheiro e as riquezas materiais. Curiosamente Giovanni Vacchetta vinculou também os Ouros com o transcorrer do tempo.

Ás de Ouros

Uma grande moeda de ouro do Imperador Augusto ocupa o centro da carta; sobre ela há um estandarte com os créditos de Giovanni Vacchetta e embaixo se veem as duas caras de uma moeda de cinquenta centavos de lira, seguramente da sua época. A presença do Ás de Ouros em uma leitura indica bem-estar e sucesso em todos os campos. Simboliza a abundância, a prosperidade, a confiança, a segurança e o fato de ter os pés no chão. Mostra que a semente da prosperidade está começando a frutificar e esse fruto pode tomar qualquer forma. Com frequência, é uma indicação de que os sonhos do consulente poderão finalmente se converter em realidade e suas ideias em algo tangível.

Plano afetivo: Vida sentimental sem tormentas à vista. Entendimento e harmonia perfeitos junto a certo bem-estar material.

Essa carta promete que os desejos da pessoa se cumprirão também no capo afetivo.

Economia: A porta da prosperidade está aberta. As preocupações materiais já não têm razão de ser, pois a situação financeira é ascendente.

Profissão: A atividade profissional evolui para o sucesso. O Ás de Ouros favorece os negócios importantes e também as sociedades. Para os empregados prediz uma época boa, com excelente ambiente no trabalho e possível ascensão.

Saúde: As pequenas dores e os problemas de saúde desaparecerão como por um passe de magia.

Síntese: Esse arcano personifica o sucesso e o triunfo, promete estabilidade e, sobretudo, neutraliza as influências negativas, os mal entendidos e as trapaças ocultas. Suas qualidades positivas se veem potencializadas quando aparece junto à Roda da Fortuna, o Sol e o Mundo.

Dois de Ouros

Duas moedas de ouro, uma do Imperador Cláudio e a outra de Tibério, situadas uma sobre a outra, estão dentro de uma espécie de ânfora, de cuja boca sai uma águia. A presença dessa carta em uma leitura costuma vir para complicar os planos da pessoa e trazer-lhe preocupações, especialmente no campo econômico e no profissional.

Plano afetivo: As amizades e as relações sentimentais deixam muito a desejar. Os contatos afetivos serão difíceis e os riscos de que se produzam conflitos, muito elevados.

Economia: O dinheiro chegará com dificuldades e gerará problemas. Essa carta prediz uma época de restrições e de escassez.

Profissão: Relações laborais irritantes e mau ambiente de trabalho. No plano social não se consegue o que se havia proposto. As empresas e os negócios passarão igualmente por uma época de dificuldades.

Saúde: Pequenas moléstias e dores gerarão gastos imprevistos.

Síntese: O Dois de Ouros é uma carta que simboliza travas e dificuldades econômicas que podem ter uma repercussão direta na vida sentimental da pessoa. Este significado acentua-se mais quando vem acompanhado de O Enforcado, A Torre ou O Ermitão.

Três de Ouros

Três moedas de ouro, de Nero, Oto e Galba, penduradas de um arbusto. Um dos ouros está situado sobre os outros dois, formando com eles um triângulo e acrescentando um elemento novo que equilibra a dualidade e a oposição anterior. Uma lança, uma espada e dois escudos descansam aos pés da árvore. A aparição dessa carta em uma leitura traz modificações positivas e contribuem para que os planos da pessoa cheguem a um bom termo. As ações e os trabalhos que se realizem neste sentido serão eficazes e darão resultados.

Plano afetivo: As relações sentimentais experimentarão um incremento e um giro positivo. Tanto a amizade quanto o amor se verão potencializados e reinará a harmonia e o acordo.

Economia: Os planos da pessoa se verão coroados pelo sucesso. Todas as travas previamente existentes desaparecerão e o sucesso estará assegurado. A situação financeira experimentará um progresso notável.

Profissão: Há em vista uma notável ascensão no campo profissional e no social. A sorte e a proteção de que goza farão com que a pessoa chegue a satisfazer seus desejos no âmbito profissional.

Saúde: A tranquilidade e a força serão a nota predominante, e se vencerá com facilidade qualquer problema físico que se haja apresentado antes.

Síntese: Sucesso assegurado. Os planos e os desejos se cumprirão, sobretudo no campo material e econômico, e muito especialmente se essa carta vier acompanhada das cartas: O Louco, A Roda da Fortuna ou o Sol.

Quatro de Ouros

Vemos quatro moedas, de Tito, Vitélio, Vespasiano e Domiciano, situadas nos quatro cantos de um quadrado do qual pendem adornos e vários instrumentos musicais, denotando precisamente a estabilidade e o florescimento de âmbito material. A aparição dessa carta em uma leitura indica estabilidade e consolidação dos projetos e dos planos da pessoa, especialmente no aspecto material ou econômico.

Plano afetivo: Influência muito positiva, que estabiliza e dá confiança além do âmbito puramente material. Relações de qualquer tipo se solidificam e os laços estreitam-se em um ambiente de confiança e segurança.

Economia: A segurança financeira é muito clara. Podem surgir dificuldades, mas sempre se encontrará uma solução com facilidade, possivelmente graças ao apoio e à ajuda econômica de amigos. Qualquer transição, inclusive as de ordem especulativa, será positiva.

Profissão: Grandes possibilidades de sucesso e de ver cumpridas as esperanças e os desejos do consulente. Expansão enriquecedora e benéfica. Notável avanço profissional.

Saúde: Sempre que se atue com prudência, a saúde será ótima.

Síntese: Esse arcano menor vem confirmar a segurança em todos os aspectos da vida, mas especialmente o financeiro, sobretudo, em caso de vir acompanhado pelo Imperador, A Justiça ou A Força.

Cinco de Ouros

Um anjo levanta com as mãos um quadro como o da carta anterior, em que os quatro ouros estão situados nos cantos, mas agora, um quinto ocupa o centro. Cada uma das moedas mostra o perfil dos seguintes cinco imperadores romanos, e todas elas estão rodeadas por folhas de louro. A presença dessa carta em uma leitura favorece a boa reputação da pessoa. Além do mais, indica que as perspectivas no campo material são muito positivas, e que tudo leva a um percurso ascendente. É um momento de esperança e ilusão.

Plano afetivo: As relações serão fáceis e a comunicação aberta. Há sinceridade total nos sentimentos pelo consulente. Novos contatos e amizades harmoniosas e agradáveis.

Economia: Tranquilidade no âmbito financeiro. Qualquer preocupação será facilmente desfeita. As operações que empreendam tenderão a alcançar resultado positivo e se desenrolarão com certa facilidade.

Profissão: A situação social da pessoa melhorará sensivelmente. Tendências organizativas renderão proveitoso fruto. Serão alcançados renome e melhorias profissionais.

Saúde: A energia flui e circula livremente, protegendo a pessoa, no âmbito da saúde.

Síntese: O Cinco de Ouros vem dizer-nos que a situação está evoluindo de uma maneira muito proveitosa. Tudo indica que caminha para o sucesso. Confirma a estabilidade material, especialmente quando essa carta vem acompanhada de O Hierofante, A Temperança e A Estrela.

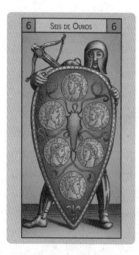

O Seis de Ouros

Um guerreiro mantém diante si seu enorme escudo, em que vemos seis moedas de ouro correspondentes aos seis imperadores seguintes. A presença de O Seis de Ouros em uma leitura vem predizer obstáculos e problemas que alterarão a estabilidade geral. Qualquer projeto ou plano em andamento ficará lento ou experimentará atrasos sensíveis.

Plano afetivo: Na vida sentimental não se pode dizer que seja muito feliz. Os conflitos e os problemas gerarão decepções e contrariedades. É possível que a pessoa se dê conta de ter cometido erros na hora de escolher suas relações amistosas ou sentimentais.

Economia: Os assuntos financeiros passarão também por uma época de dificuldades. Obstáculos inesperados virão entorpecer a entrada de dinheiro, e é possível que certos compromissos financeiros não possam ser cumpridos.

Profissão: Igualmente é muito provável que surjam travas no âmbito profissional. Ocorrerão desacordos que irão minar a confiança e colocarão a pessoa em uma posição de debilidade. Os esforços realizados não produzirão o resultado que se esperava.

Saúde: É possível que se dê uma pequena perda de vitalidade, mas nada especialmente grave.

Síntese: Surgirão contratempos que atrasarão os projetos e os planos da pessoa, ainda que muitas vezes seja ela a responsável por tudo quanto lhe ocorre. Estas dificuldades serão acentuadas, caso venha a carta acompanhada de O Enforcado, A Torre, O Louco ou o Diabo.

O Sete de Ouros

Nesta carta vemos dois grupos: acima, cinco moedas de ouro, cada uma delas com o nome de um imperador, rodeando o crânio de um animal com cornos; abaixo, um anjo levanta algo muito pesado, em cuja superfície vemos as outras duas moedas. A presença do Sete de Ouros em uma leitura indica sucesso e triunfo material. Qualquer sucesso que afete diretamente o consulente se verá influenciado positivamente.

Plano afetivo: O bem-estar material contribuirá para melhorar a situação do casal. O bom entendimento ajudará a estreitar os laços afetivos. Essa carta ajuda a evitar os conflitos e cria estabilidade.

Economia: As dúvidas neste campo, com o Sete de Ouros presente, duram pouco. A vitória sobre os problemas econômicos logra-se de um modo fácil e tranquilo. A situação financeira é muito favorável.

Profissão: Sucesso e domínio nos campos social e profissional. Qualquer obstáculo será vencido com facilidade. Os planos e os projetos se concretizarão rapidamente.

Saúde: Em caso de que se apresente alguma doença, a saúde será restabelecida de um modo fácil e rápido.

Síntese: A decisão de alcançar o sucesso conduz ao sucesso. Qualquer situação não desejável melhorará rapidamente. Toda evolução será positiva. Essa carta é especialmente triunfante, quando acompanhada da carta dos Enamorados, A Lua ou O Louco.

Oito de Ouros

As oito moedas correspondentes aos oito imperadores seguintes estão colocadas de forma totalmente simétrica, separadas por grinaldas de flores. A presença dessa carta em uma leitura indica falta de perseverança e de confiança. A instabilidade afetará qualquer projeto ou plano que se ponha em andamento.

Plano afetivo: A vida afetiva se verá exposta a penas e decepções. As relações serão tormentosas e só deixarão lamentos. Certa instabilidade fará que o amor não possa prosperar.

Economia: A entrada de dinheiro será insuficiente. As dificuldades econômicas complicarão bastante a vida da pessoa, mas sem chegar a nenhuma catástrofe real. Simplesmente, não se conseguirá manter o orçamento equilibrado, e isso criará inquietação e dissabores.

Profissão: Os esforços realizados no trabalho não conseguem materializar resultados tangíveis. A atividade profissional apenas traz satisfações e tudo, neste campo, parece estancado. Desacordos entorpecerão o bom andamento dos negócios.

Saúde: Carta pouco favorável à saúde. É possível que apareçam pequenas moléstias.

Síntese: O Oito de Ouros é, em geral, uma carta que influi negativamente em todos os assuntos, tanto econômicos quanto em qualquer outro. Vem a complicar tudo, especialmente se essa carta vem acompanhada por: Os Namorados, A Lua ou O Louco.

Nove de Ouros

Vemos nove moedas de ouro, cada uma correspondendo a um imperador romano, situadas simetricamente na carta, com a primeira separada das demais por uma guirlanda de cor violeta. Todas as moedas, assim também as cartas anteriores, estão unidas por cintos. A presença do Nove de Ouros em uma leitura contribui para a segurança e a tranquilidade em todos os campos. Favorece o juízo claro e a percepção de como vão transcorrer as coisas, o que contribui sempre para a obtenção do sucesso.

Plano afetivo: O bem-estar emocional e sentimental aqui se vê muito influenciado pela bonança material. O entendimento com as pessoas que nos rodeiam é muito bom e a relação agradável. Nas relações de amizade e conjugais reinama felicidade e a tranquilidade.

Economia: Graças à prudência e ao conhecimento do que faz a pessoa, o sucesso material estará assegurado. Uma tranquila confiança acelerará qualquer operação e a levará ao triunfo.

Profissão: Qualquer que seja a atividade profissional que o consulente desenvolva, a influência benéfica do Nove de Ouros se fará sentir. Todo esforço realizado será recompensado. A segurança e a confiança aplainarão todos os caminhos, e o sucesso coroará finalmente qualquer empresa.

Saúde: A vitalidade será elevada. Ausência total de enfermidades.

Síntese: O Nove de Ouros é símbolo de discernimento, confere segurança e promete satisfações no campo material e profissional. Estas qualidades reforçam-se especialmente quando a carta aparece acompanhada por: O Hierofante, A Estrela ou A Temperança.

O Dez de Ouros

De novo, simetricamente situadas, vemos dez moedas de ouro correspondentes a outros tantos imperadores romanos, desta vez, formando três grupos. O central e mais importante é composto de seis moedas que rodeiam uma espécie de escudo, franqueadas por quatro aves. Outras duas moedas situam-se na parte superior da carta e mais duas, na parte inferior, formando uma espécie de triple harmonia. A presença dessa carta em uma leitura indica transformações felizes e rápidas. O crescimento será veloz e as melhoras muito positivas.

Plano afetivo: O Dez de Ouros indica proteção nas relações sentimentais. O entendimento com as pessoas mais chegadas será fácil, e todos os contatos amistosos ou sentimentais se incrementarão. Reinará a felicidade.

Economia: Segurança financeira. Pode esperar-se um incremento na fortuna do consulente. Todos os seus bens gozam de uma espécie de benéfica proteção. A providência e a sorte dissiparão qualquer impedimento ou problema.

Profissão: A segurança afetiva ajudará no progresso do campo profissional. A carreira ou trabalho da pessoa dará literalmente um grande salto para frente e todo esforço se verá amplamente recompensado. Qualquer plano ou projeto se concluirá com sucesso.

Saúde: Tanto no plano físico quanto no moral, a vitalidade será muito notável.

Síntese: Essa carta vem predizer grande melhora em todos os aspectos da vida do consulente, mas especialmente no campo material. Essas qualidades são reforçadas quando vêm acompanhadas pela Roda da Fortuna, O Mundo, O Sol ou O Juízo.

Valete de Ouros

Um jovem, enquanto joga as cartas com outro, mostra uma moeda na mão esquerda, que mantém levantada. Os dois estão em pé, de ambos os lados da mesa em que jogam. Essa carta pode representar um jovem sério, inteligente e agradável. Possivelmente, seja o próprio consulente, seu cônjuge, seu filho, seu irmão ou um amigo. É favorável ao avanço material e traz sorte e sucesso, no âmbito profissional. Também faz referência à reflexão e à aplicação no trabalho.

Cavalo de Ouros

Vemos um jovem em um cavalo que dá o passo, enquanto levanta na mão direita uma moeda de ouro do Imperador César Augusto. Essa carta permite bom resultado material e amplas satisfações profissionais. Acelera a realização de qualquer projeto e o desenvolvimento dos negócios. Confere estabilidade em todos os planos. Não favorece muito a atividade, se não for antes bem calculada. Resumindo, o Cavalo de Ouros confere influência benéfica e protetora.

A Rainha de Ouros

Vemos uma mulher corada, sentada diante de uma roca, mantendo com as mãos uma moeda de ouro elevada, símbolo de âmbito material. A Rainha de Ouros representa uma mulher inteligente, séria e fiel. Pode ser a própria consulente, seu cônjuge, sua mãe ou uma amiga. Não é uma carta muito favorável à vida afetiva; não obstante indica sinceridade. Aporta soluções práticas aos assuntos materiais ou econômicos, facilita os contatos e as relações profissionais, e nestes campos constitui influência muito protetora e benéfica.

O Rei de Ouros

Nesta carta vemos um homem judeu, com barba branca, tocado com um gorro parecido com um turbante sobre o qual se apreciam os vértices de uma coroa. Permanece em pé diante do assento de trabalho sobre o qual há um monte de discos de ouro. Aparentemente, os está gravando, assim convertendo-os em moedas. Na lateral do banco de trabalho, que por sua vez é um cofre, vemos várias ferramentas, enquanto que da parede pende um relógio de areia alado, símbolo da passagem do tempo, e sobre uma pequena prateleira descansam três vasilhas. Veste-se com um manto de arminho e do seu cinturão pende uma bolsa de couro. Seu aspecto é áspero e antissocial, desconfiado. Tradicionalmente, o Rei de Ouros representa um homem sério, responsável, inteligente e honrado. Pode ser o próprio consulente, seu cônjuge, seu pai ou um amigo, e tem uma influência benéfica sobre todos os assuntos materiais. Pode também aludir a organizações bancárias ou a ajudas financeiras. No geral, O Rei de Ouros é uma influência positiva e protetora, alguém com quem se pode contar.

Copas

As Copas estão conectadas com o elemento Água, que governa as emoções, as relações, a intuição, o prazer e o amor. Geram energia através da relação emocional e espiritual, sem nada a ver com ganâncias materiais. O elemento Água costuma implicar paz e equilíbrio, que flui dos planos superiores aos inferiores. Mas também pode ser bruto, desde uma poça pouco profunda até um oceano sem fundo, dependendo do seu entorno. A grande variedade das emoções humanas fará que o significado das copas se adapte às diferentes circunstâncias.

O Ás de Copas

Vemos uma criança corada e robusta, com uma maçã na mão esquerda, enquanto que na direita sustenta um laço em cujo extremo há um macaco, que sentado no chão, come tranquilamente outra maçã. A criança está apoiada pelo cotovelo em uma espécie de pilar sobre o qual vemos uma monumental copa. A presença dessa carta indica alegria, felicidade e contentamento. Os juízos que se realizarem serão claros e inspirados, e qualquer decisão se tomará com inteligência.

Plano afetivo: Anuncia um encontro, o princípio de um afeto ou de um amor. A perfeição e o prazer combinam-se para nos dar harmonia perfeita em nossas relações com as pessoas que nos rodeiam. Os contatos e a relação com os amigos e conhecidos se incrementarão.

Economia: Anuncia satisfações também nesse campo. Uma atividade agradável nos trará benefícios econômicos. Bons augúrios no campo financeiro para o futuro próximo.

Profissão: Entusiasmo na esfera profissional. É também possível que o trabalho tenha a ver com uma relação de tipo sentimental ou afetiva. Possível ascensão ou promoção próxima, assim também um aumento nas responsabilidades encomendadas.

Saúde: O Ás de Copas gera moral excelente, o que faz com que se fortaleça o estado de saúde geral.

Síntese: Os desejos e os projetos da pessoa se realizarão. Os laços amistosos ou afetivos se consolidarão. Novas e boas perspectivas aparecerão no horizonte. Quando junto aparecerem O Sol, O Mago ou A Estrela, vêm confirmar um amor, ou pelo menos encontros amorosos.

O Dois de Copas

Vemos, de ambos os lados de uma bandeja circular situada sobre uma mesa, duas vasilhas estranhas. Sobre elas pende um cartão com os créditos do autor, rodeado de frutas diversas. O dois conduz à dualidade e à rivalidade. Sua presença em uma leitura indica luta afetiva. Há decisões e projetos opostos, e as consequências desta oposição são ingratas.

Plano afetivo: Essa carta anuncia mal entendidos, discussões e desacordos. Certas incertezas, ainda que talvez superficiais, deprimem e decepcionam o consulente. Os laços afrouxam-se e as relações com o entorno podem ser decepcionantes.

Economia: É possível que contratempos sem grande importância nos inquietem mais do que o devido. Gastos imprevistos, talvez relacionados com o desejo de agradar aos demais. Finalmente, custa muito trabalho manter um equilíbrio financeiro.

Profissão: Antipatia com alguém relacionado ao campo profissional. Talvez um excesso de trabalho gere decepção. Os esforços realizados pela pessoa não são recompensados como deveriam.

Saúde: Pequenas indisposições, ainda que sem repercussão grave.

Síntese: A dualidade representada por essa carta cria sempre dificuldades e conflitos. Qualquer mal-entendido sem importância será suficiente para que a outra pessoa se sinta ferida. Quando se apresenta junto às cartas: Os Namorados ou A Justiça, indica dualidade afetiva. Com o Arcano número 13, ciúmes ou inveja.

O Três de Copas

Um jovem robusto traz sobre a cabeça uma espécie de bandeja de onde pendem cintos com cascavéis. Sobre ela há duas taças e entre elas a figura de um pequeno anjo que tange um instrumento de corda. A criança traz na mão direita, apoiando-a contra a cintura, uma terceira taça, semelhante às que transporta sobre a cabeça. Essa carta indica-nos que a unidade domina a dualidade e, que de fato, acentua a atividade gerando outra de um nível superior. A presença dessa carta em uma leitura costuma trazer soluções aos problemas e às dificuldades. Qualquer projeto que a pessoa tenha em andamento se concretizará, e os resultados obtidos serão satisfatórios.

Plano afetivo: Essa carta vem indicar a recuperação da alegria e da felicidade. As amizades, os laços afetivos e o amor florescerão e irradiarão luz e beleza. Os encontros e os contatos serão harmoniosos e agradáveis.

Economia: As finanças melhorarão sensivelmente. É possível que chegue um dinheiro inesperado. Qualquer projeto de tipo econômico terá sucesso.

Profissão: O bom entendimento e a harmonia reinarão no âmbito profissional. Os planos previstos cumprirão sua meta e os objetivos se conseguirão sem grande esforço nem sofrimento.

Saúde: Grande força e vitalidade que vencerão facilmente qualquer pequeno problema que possa se apresentar.

Síntese: Essa carta indica sucesso nas empresas que temos entre as mãos. Final das preocupações e dos problemas. Sensação de alívio e de liberação. Se vier acompanhada das cartas: A Imperatriz, O Juízo, O Mundo ou A Roda de Fortuna, pode indicar recepção de boas notícias por escrito.

Quatro de Copas

Uma figura feminina despida, ataviada somente com uma longa estola de cor malva, mantém uma formosa copa sobre a cabeça. De ambos os lados dos seus pés descansam outras duas vasilhas e mais uma à frente dela, no chão, ante o pedestal sobre o qual permanece a mulher. As quatro vasilhas são belas, ainda que distintas entre si.

O número quatro acentua o equilíbrio em sua manifestação material. Sua presença assegura solidez, já que indica que tudo se vai consolidar. Pode-se dizer que representa a afirmação, a maestria e a consolidação.

Plano afetivo: Sentimentos fortes e sólidos. Confiança. Não se trata de desejos passionais nem de caprichos, mas, de sentimentos sérios e profundos, baseados no conhecimento e na confiança. A vida afetiva é tranquilizadora.

Economia: No campo financeiro goza-se de uma evidente proteção. Existe uma gestão e uma administração eficazes e muito precavidas, mirando sempre para o futuro. Busca-se a segurança e esta é devidamente apreciada. Em geral, a situação financeira é sólida e tranquilizante.

Profissão: Ambiente muito bom no trabalho e relações amistosas com os companheiros e os superiores. Faz-se prever um futuro cheio de segurança e de promessas.

Saúde: Salvo o caso de que se cometam grandes excessos, essa carta anuncia boa saúde em todos os níveis.

Síntese: O Quatro de Copas mostra-nos que os aspectos materiais estão relacionados e entrelaçados com os afetivos, e que o equilíbrio entre ambos permite construir bases sólidas para o futuro. Quando aparece junto com A Força ou O Imperador confirma a ideia de segurança afetiva. Em caso de vir acompanhada pelo Arcano número 15, O Diabo ou por O Carro pode ser indício de um domínio excessivo no plano sentimental.

Cinco de Copas

Vemos nesta carta cinco vasilhas, todas distintas. As três superiores são lâmpadas acesas penduradas do teto, enquanto que as outras duas são elegantes jarras pousadas sobre uma bandeja que descansa no solo. A presença dessa carta traz harmonia e sabedoria. As perspectivas e as esperanças prévias tendem a concretizar-se, recuperando a paz e a tranquilidade.

Plano afetivo: O cinco de copas vem tranquilizar o consulente a respeito dos sentimentos de outra pessoa. Suas esperanças serão cumpridas em um ambiente de paz e harmonia.

Economia: Podem apresentar-se atrasos ou pequenas dificuldades financeiras relacionadas com assuntos sentimentais. O aspecto material não está respondendo exatamente como se esperava, e isso pode tornar difícil manter equilibrado o orçamento.

Profissão: Tanto a situação laboral quanto a social apresentam perspectivas excelentes. Em parte, vão melhorar graças a elementos novos que surgiram ou vão surgir no âmbito profissional da pessoa. Seguramente, lhe serão encomendadas responsabilidades mais importantes do que as que até agora tinha.

Saúde: A tranquilidade e a paz de espírito que implica o número cinco melhorarão e regenerarão a saúde, inclusive se está bastante debilitada na atualidade.

Síntese: A pessoa tem muitas possibilidades de realizar suas esperanças. As situações que podem apresentar-se, serão afrontadas com sabedoria e sutileza, ao mesmo tempo e novas afinidades e relações aportarão aspectos promissores. Junto com O Hierofante, A Temperança e A Estrela, confirma a harmonia no aspecto sentimental. Com A Lua e A Sacerdotisa pode indicar o nascimento de uma criança.

Seis de Copas

Uma curiosa mesa de dois pisos sustenta três copas em cada um deles. O plano superior é circular, enquanto que o inferior é quadrado. No solo, um gato e uma ave parecem proteger-se embaixo da mesa. Nessa carta tudo leva à ideia de oposição, de falta de unidade e inclusive de divisão ou de disjuntiva entre dois polos opostos, o bem e o mal, conceito que desde sempre foi associado ao número seis. A aparição do Seis de Copas em uma leitura costuma indicar sacrifícios, limitações e travas, que virão a frear a materialização dos planos e a realização das esperanças da pessoa.

Plano afetivo: Essa carta anuncia contrariedades na vida amorosa e sentimental. Os contatos neste campo estarão marcados pelas decepções e a incompreensão. As amizades poderão ver-se igualmente afetadas por oposições, conflitos e descordos, pelo que se arrefecerão e poderão gerar decepções.

Economia: A economia da pessoa se verá também afetada de uma forma negativa. Talvez os fracassos neste âmbito sejam consequência de haver confiado em quem não devíamos e muito possivelmente essa confiança tenha sido propiciada por algum sentimento afetivo. Alguém se aproveitou e abusou da boa disposição do consulente.

Profissão: A falta de confiança em si mesmo fará com que os obstáculos neste campo se incrementem, gerando instabilidade que talvez caia em uma situação de fraqueza e de insatisfação.

As contrariedades e a falta de liberdade serão a tônica no campo profissional.

Saúde: A falta de vitalidade abre a porta à depressão que como sabemos, pode desenvolver uma multidão de doenças físicas.

Síntese: Todo plano, desejo ou projeto se verá freado. Essa carta anuncia obstáculos generalizados em todos os campos. Se aparece junto com O Enforcado ou com A Lua, pode predizer desenganos sentimentais.

Sete de Copas

Vemos aqui três planos. No vértice, uma copa fonte de grande tamanho que alimenta com jorros de água outras três que estão no plano imediatamente inferior, e mais abaixo repousam outras duas, junto a outra grande que serve de base a toda a estrutura. O número sete vem anunciar-nos transformação positiva e, em geral, harmonia e sucesso.

A presença do Sete de Copas em uma leitura indica influência favorável nos assuntos dos quais se está indagando, ou melhor, simplesmente em tudo o que afeta o consulente.

Plano afetivo: Tanto em assuntos amorosos, quanto amistosos, essa carta vem predizer alegria, proximidade e felicidade. O bom entendimento estreita os laços afetivos. Indica igualmente união ou talvez matrimônio. Tudo é promissor e o ambiente, em geral, propício.

Economia: A tranquilidade e a estabilidade econômica dão segurança e paz ao consulente. O aspecto benéfico desse arcano afeta igualmente as finanças e o plano afetivo. Todo esforço renderá mais frutos do que o esperado, e pode chegar-se a certa abundância, inclusive riqueza.

Profissão: A liberdade e o sucesso na profissão unem-se para fazer com que as esperanças e as ilusões saiam finalmente triunfantes. A boa harmonia com o entorno e com os demais culminarão em sucesso pleno. No campo profissional, o Sete de Copas indica sempre segurança e bons resultados.

Saúde: Caso exista alguma doença ou algum problema prévio, a recuperação será rápida e efetiva.

Síntese: A vontade e a decisão levam ao sucesso em todas as faces da vida. Os problemas se desvanecerão e os mal-entendidos serão esclarecidos. Sucesso no campo sentimental, especialmente quando essa carta vier acompanhada de O Carro, A Força ou O Imperador. Em caso de aparecer junto à carta O Sol, poderá indicar matrimônio.

Oito de Copas

No estilo dos clássicos castelos de naipes, vemos uma torre de copas que se mantém em precário equilíbrio sobre uma mesinha. Coroando toda a estrutura, um ramo de roseira com duas rosas e um botão, enquanto na base, de ambos os lados da mesa, ardem duas lâmpadas. O número oito sempre teve um significado cósmico, que pode, às vezes, entranhar situações que a partir do ponto de vista humano podem perceber-se como violentas. Por isso, a presença dessa carta em uma leitura pode vir a complicar as coisas, ou pelo menos desestabilizar o seu eixo planejado e previsto.

Plano afetivo: Com frequência, o Oito de Copas gera discussões e mal-entendidos. Também, problemas e decepções. No que se refere às amizades e relações amorosas, indica discórdias, rupturas e abandonos. Resumindo, crise sentimental à vista.

Economia: No aspecto financeiro chegarão surpresas desagradáveis. As complicações neste campo virão amargar a vida do consulente, já que impossibilitarão o cumprimento de alguns compromissos anteriormente assumidos.

Profissão: Desilusões também neste âmbito relacionadas, geralmente, com os superiores. O risco de que a reputação da pessoa seja abalada gera preocupações e impede que leve suas funções a bom termo. Essa carta prevê bastante atividade e trabalho abundante, mas, comresultados pouco expressivos.

Saúde: Preocupações e inquietações serão a tônica usual.

Síntese: Em geral, essa carta indica contratempos na vida sentimental do consulente, desilusões e preocupação, mas muito especialmente quando vem acompanhada de: A Torre, O Enforcado, O Ermitão ou o Arcano n° 13.

Nove de Copas

Esta carta mostra-nos uma estrutura parecida com a do Sete de Copas. Uma copa central, monumental sustenta uma espécie de bandeja sobre a qual há outra copa de grande tamanho. As outras sete menores e todas do mesmo estilo estão distribuídas em três planos. Três delas, acima, sobre a bandeja, duas penduradas dessa e as outras duas sobre o solo. O número nove vem indicar transmutação, um novo ciclo. Sua presença na leitura costuma ser indício de paz, felicidade e alegria.

Plano afetivo: Fortalece a felicidade conjugal. Augura um entendimento perfeito em todas as relações de tipo afetivo e amistoso. Os sentimentos são profundos e sinceros.

Economia: Carta muito favorável, que prediz uma grande bonança, destacado bem-estar econômico. Dissipa todas as preocupações neste campo e favorece as inversões produtivas.

Profissão: Todo esforço será reconhecido e recompensado. O trabalho transcorre em um bom ambiente e com alegria. As empresas irão bem e o sucesso profissional e social parece seguro.

Saúde: Recuperação da saúde. Força e vitalidade.

Síntese: O Nove de Copas é uma carta sinônimo de alegria, tranquilidade e bons augúrios. Indica satisfações no terreno sentimental, especialmente se essa carta vieracompanhada de O Mago ou A Estrela. Matrimônio à vista se estiver junto aoO Hierofante, e um amor muito espiritual, se aparecer junto ao O Ermitão.

Dez de Copas

Em uma espécie de cômoda de três pisos, vemos nove copas iguais, situadas três em cada nível, enquanto outra, muito maior e distinta, descansa no solo diante do móvel. Sua localização e seu tamanho parecem indicar que essa copa maior é uma espécie de síntese das outras nove. O número dez é sempre a culminação de algo. Indica o ápice, o cimo e sinaliza transformações felizes e benéficas.

Plano afetivo: O Dez de Copas costuma sempre predizer felicidade e amor, favorecendo o entendimento com os demais, as relações harmoniosas, os afetos fortes, a amizade e a espontaneidade.

Economia: Proteção no campo econômico. Evolução interessante. Sucesso assegurado.

Profissão: Muitas possibilidades de receber uma ascensão ou promoção. O trabalho transcorre harmonioso e feliz.

Saúde: Recuperação da energia e da força, igualmente no aspecto físico e moral.

Síntese: Carta benéfica em todos os campos, mas especialmente na área sentimental, sobretudo, quando acompanhada de O Sol, O Juízo ou A Imperatriz.

O Valete de Copas

Vemos um jovem caminhando, enquanto sustenta uma copa nas mãos. O que sobressai na sua indumentária é o cinturão de cor malva.

Em uma leitura essa carta representa um jovem atento e amável, talvez tímido ou serviçal. Pode ser o próprio consulente, seu cônjuge, seu filho, seu irmão ou um amigo. É uma carta indicadora de alegria e sentimentos sinceros, ainda que pouco ativa, pois nunca costuma sinalizar grandes sucessos. Não obstante, sua influência sobre o âmbito afetivo é muito boa.

O Cavalo de Copas

Um jovem ruivo, usando um gorro de cone truncado, cavalga enquanto levanta uma copa com a mão direita. Essa carta indica troca ou evolução importante no plano afetivo, algo que trará alegria e felicidade. Em relação com outros âmbitos da vida, seu significado não costuma ser demasiado relevante. Pode também indicar o surgimento de novos relacionados no campo social ou profissional.

Sua aparição em uma leitura sempre é benéfica, já que sinaliza melhoria, mudança favorável na vida afetiva e consolidação das relações atualmente existentes.

A Rainha de Copas

Vemos uma figura feminina coroada, em pé na cozinha. Sustenta na mão direita uma copa enquanto descansa a esquerda em uma mesa em que vemos um frango aparentemente já cozido. Atrás, à sua direita, três aves estão no espeto, rodeadas de chamas. Representa uma mulher agradável, amável e boa. Pode tratar-se da própria consulente, sua mãe, uma irmã ou uma amiga. Também pode ser a esposa do consulente. É uma carta pouco favorável no âmbito profissional e material. Não obstante, é muito positiva em tudo o que se relaciona com o lar, a amizade e as relações amorosas, sentimentais ou afetivas.

O Rei de Copas

Nesta carta, uma figura masculina com barba branca, símbolo de idade e de experiência, com uma coroa de ouro, indicadora do seu poder, eleva uma copa, na mão direita. Um jarro de vinho descansa à sua direita e a seus pés, outra vasilha. Rodeia-o uma guirlanda de videira. Evidentemente, esse rei é um viticultor experiente. Essa carta representa um homem bom, amável e nobre. Pode ser o próprio consulente, um companheiro, seu pai ou um amigo, ou também o cônjuge da consulente. É uma carta favorável a tudo que represente atividades profissionais. Indica melhoria no plano econômico e excelentes relações com as pessoas que rodeiam o consulente, mas antes de qualquer outra coisa, anuncia proteção.

Espadas

As cartas de espadas estão especialmente relacionadas com o elemento ar, quer dizer, com tudo que seja de caráter mental, com os estudos, a inteligência, o saber e o ensino, mas com frequência, tem também um significado de perigo, assim como de valor, de coragem e de arrojo diante de situações que o requeiram.

Ás de Espadas

Vemos uma grande espada no seu fundo, em posição vertical com a ponta para baixo, rodeada de uma coroa de folhas de carvalho e uma grinalda com um texto. A aparição dessa carta mostra a força necessária para que se possa avançar com os planos do consulente, para que seus projetos e suas esperanças saiam triunfantes.

Plano afetivo. Com uma decisão firme se poderá estabelecer facilmente a ordem, no âmbito sentimental. A força intelectual e mental confere à pessoa certo poder sobre as demais.

Economia. A solução para sair dos problemas econômicos se encontrará com grande facilidade.

Possíveis ganâncias de considerável tamanho. Uma administração prudente será peça importante para conseguir a segurança e a estabilidade no plano material.

Profissão: Todos os assuntos que estejam a caminho se realizarão favoravelmente. O ânimo, a decisão e o desejo de triunfar permitirão iniciativas excelentes, e todos os esforços realizados lograrão sua recompensa. Ao se empreender alguma nova empresa, seu desenvolvimento será positivo, graças a uma administração eficaz.

Saúde: A vitalidade da pessoa fará com que supere com facilidade pequenas moléstias.

Síntese: O Ás de Espadas é o Arcano da inteligência e do raciocínio. Por seu grande poder libertador vem anunciar o sucesso e a vitória sobre todas as dificuldades. Quando aparece junto à A Justiça, O Imperador ou O Carro, seu significado de poder no aspecto externo ou físico se vê acrescentado. Não obstante, sua conotação de força e domínio no âmbito espiritual é especialmente acentuada quando se mostra junto à carta O Hierofante ou A Sacerdotisa.

Dois de Espadas

Duas espadas simbólicas pendem de um cartaz com os créditos do autor. Entre elas vemos as ferramentas deste e uma prancha com seis cartas. A presença do Dois de Espadas em uma leitura anuncia sempre lutas, doenças e problemas de todo tipo. Pode se dizer que seu significado essencial é o de oposição e conflito.

Plano afetivo: Pouco favorável para as relações amorosas ou sentimentais. Esse arcano vem indicar invejas, ciúmes, abuso de confiança e egoísmo. Os conflitos podem resultar esgotadores.

Economia: Também o aspecto financeiro é possível que deva passar por momentos difíceis. Parece não haver saída, e a preocupação pode chegar a ser muito estressante.

Profissão: Acordos previamente acertados desvanecem-se ou não é possível cumpri-los. Há falsidade e luta permanente no ambiente de trabalho fazendo com que todo progresso neste campo seja impossível pelo momento. De novo conflitos, problemas e luta continuada.

Saúde: Não se veem melhoras nas doenças ou enfermidades, o que origina múltiplas preocupações.

Síntese: Indica oposição e rivalidade. É uma carta que vem complicar e atrapalhar qualquer situação ou qualquer aspecto da vida do consulente. Quando aparece junto com o Arcano número 13 potencializa especialmente os ciúmes e as invejas. Junto com Os Namorados indica desavenças e ciúmes entre o casal e com A Justiça, embaraço e dificuldades de tipo legal.

Três de Espadas

Três espadas; a do centro maior que as outras duas, pendem de uma barra metálica. A presença dessa carta em uma leitura costuma indicar solidão, languidez, atrasos e travas.

Plano afetivo: A situação sentimental complica-se. As desarmonias e as disputas podem levar a uma ruptura. Todas as relações sentimentais se verão entorpecidas e cheias de obstáculos.

Economia: Graves problemas econômicos de difícil solução, que gerará situações comprometedoras e embaraçosas.

Profissão: A vida profissional da pessoa está seriamente ameaçada. Não se logrará o aceso previsto em nível social. Os negócios sofrerão todo tipo de dificuldades e a luta por manter-se a prumo será dura.

Saúde: Frágil e com altibaixos.

Síntese: Como vemos, essa é a carta das complicações e das dificuldades. Indica maus momentos em todos os campos e em todas as empresas. Será especialmente nociva quando a carta vem acompanhada do Arcano número 13 ou da Torre e gerará atrasos, dificuldades e travas se vierem junto com O Ermitão ou O Louco.

Quatro de Espadas

Aqui vemos duas espadas que se cruzam com outras duas frente a uma espécie de escudo. Ao fundo, de uma luva metálica, pende um casaco. As quatro espadas simbolizam os quatro elementos, cada um dos quais aporta sua força a essa carta. Assim, quando em uma leitura sai o Quatro de Espadas seu significado principal é um aporte de energia e de poder, a fim de que a pessoa possa lutar contra as dificuldades e sair triunfante, sempre que ponha o suficiente empenho.

Plano afetivo: As relações sentimentais atravessarão uma época de feliz estabilidade. A paz, a tranquilidade e o bom entendimento com os demais serão a tônica.

Economia: Se conseguirá alcançar as metas previstas neste âmbito. As aquisições que se façam serão proveitosas e o sucesso coroará qualquer empresa.

Profissão: Assuntos que haviam estado muito tempo pendentes se solucionarão, e trabalhos considerados antes problemáticos e aborrecidos acabarão sem problemas e com facilidade. Parecerá como se uma força especial concedesse à pessoa o dom de vencer qualquer obstáculo.

Saúde: Recuperação pronta da saúde e da vitalidade.

Síntese: Em meio a uma situação em que não faltam preocupações e problemas, o Quatro de Espadas é a carta que traz o sucesso, o equilíbrio e a tranquilidade. Neutraliza situações negativas e traz um pouco de paz e sossego. Quando aparece junto ao Carro, ao Imperador ou à Força, indica um triunfo claro sobre as adversidades. Quando vem com o arcano número 13, o Juízo, ou o Hierofante, pressagia uma libertação, um alívio, uma saída de situações difíceis e penosas. Em qualquer caso, sua mensagem sempre é positiva e de paz.

Cinco de Espadas

Duas espadas longas estão cravadas sobre o que parece o tronco cortado de uma grande árvore. Delas, unidas por um cinto malva, pendem outras duas, menores, de ambos os lados e uma terceira curta e grossa, no centro. Uma luva metálica e um capacete alado descansam sobre o tronco de madeira.

Plano afetivo: Novas tribulações no terreno sentimental geram pesadelo e tristeza. Há mal-entendidos que não se conseguem esclarecer por completo. Talvez existam maledicências e murmúrios. O Cinco de Espadas pode anunciar também desacordos e conflitos conjugais.

Economia: Há riscos de que se produzam perdas econômicas. De uma forma ou de outra, apesar de todos os esforços e todos os cuidados, os resultados não são o que se desejaria.

Profissão: De repente, à pessoa são encomendados trabalhos duros e desagradáveis. Falta de liberdade no trabalho. Restrições de todos os tipos são impostas pelas circunstâncias e pelos superiores.

Saúde: Tanto a saúde física quanto a estabilidade moral se ressentem.

Síntese: O Cinco de Espadas é a carta das ambiguidades. Neste caso, a espada tem um duplo sentido: por um lado é o valor e o poder, por outro, a guerra e a destruição. Quando vem junto ao Mago ou com à Imperatriz, indica satisfações modestas. Se vier acompanhada de O Enforcado, A Torre ou o Arcano número 13 prediz problemas e preocupações.

Seis de Espadas

As pontas das seis espadas unem-se na parte baixa da carta, rodeadas por uma coroa de louros. Essa carta preconiza conflitos e rivalidades de todo tipo.

Plano afetivo: Maledicências e calúnias envenenam o ambiente afetivo, levando a brigas e discussões. Os esforços de boa vontade que se realizam para melhorar a situação não dão resultado algum.

Economia: Gastos imprevistos podem chegar a gerar uma crise financeira. Bloqueios e obstáculos de todo tipo impedem sair da cova.

Profissão: Mau ambiente no trabalho seja qual for a atividade desenvolvida pela pessoa. Os adversários convertem-se em verdadeiros inimigos. As maledicências e as rivalidades costumam, com frequência, gerar pelejas.

Saúde: Mal-estares diversos dificultarão a mobilidade e a possibilidade de trabalhar e desenvolver as atividades normais.

Síntese: O Seis de Espadas é a carta das imobilizações, da antipatia e da hipocrisia. Não traz nenhuma solução aos problemas já existentes, pelo contrário, complica-os ainda mais. Quando vem acompanhada do Enforcado pode indicar enfermidades. Como costuma ocorrer com os arcanos menores de influência negativa, A Torre, O Louco e O Arcano número 15 incrementam sua malignidade.

O Sete de Espadas

Aqui vemos novamente dois pares de espadas cruzadas, duas delas, retas e desembainhadas e as outras duas encurvadas e na sua bainha, mais outra espada grossa, no centro, vertical e duas pequenas penduradas de ambos os lados do conjunto. A presença dessa carta em uma leitura vem nos dizer que os obstáculos não serão vencidos com facilidade. Haverá de lutar muito a fim de abater as dificuldades.

Plano afetivo: A situação afetiva será tempestuosa. Apesar das tentativas que se façam por restabelecer a paz e a harmonia, as brigas serão mais usuais. É importante ser precavido e prudente.

Economia: Também poucas satisfações no campo material. Não obstante, há possibilidades de mitigar ligeiramente a situação financeira. De qualquer modo, haverá due lutar duramente para alcançar, não já o sucesso, mas simplesmente, certa estabilidade.

Profissão: Neste campo haverá de suportar pressões e dificuldades de todo tipo. Se quiser continuar trabalhando com normalidade, será necessária uma dose extra de esforço, sobretudo, grande confiança em si mesmo.

Saúde: Moléstias e várias doenças, mas que se podem vencer com certa facilidade.

Síntese: Essa é a carta do triunfo modesto logrado através de grandes sacrifícios e esforços. A adversidade está presente, mas pode ser vencida, quando se tem o empenho e o valor suficientes. Os obstáculos serão evitados se o Sete de Espadas vier acompanhado pelo Carro, A Força, O Mundo ou O Imperador.

Oito de Espadas

Vemos nesta carta oito espadas, todas diferentes, três pares cruzadas, amarradas com um cinto malva e o par restante, mais longo, verticais de ambos os lados da imagem. O conjunto sugere certa estabilidade, mas também uma boa dose de imobilismo, de paralização. Sua presença em uma leitura anuncia inconstância e longas esperas. Também crises e notícias pouco otimistas.

Plano afetivo: Vexames e reprovações injustificadas geram brigas e tensão nas relações, com risco de ruptura e separação.

Economia: Instabilidade na área financeira, e o desânimo que não ajuda a superar a crise. Dificuldades em honrar com os compromissos de ordem econômica.

Profissão: Os negócios não vão bem, com riscos de catástrofes ou quebras. Observações desagradáveis de parte dos superiores geram mal estar e inconformidade, assim tambéminquietações quanto à segurança e à continuidade do trabalho. Perda de confiança de ambas as partes.

Saúde: A energia moral igualmente a física encontram-se no seu ponto mais baixo.

Síntese: Essa é a carta da insegurança, da falta de certeza, das lutas e das penas. Dificuldades de todo tipo fazem que qualquer tarefa seja muito mais complicada e penosa. Se vier acompanhada de A Roda da Fortuna, Os Namorados ou O Louco, se incrementará ainda mais a incerteza. Se aparecer junto com A Torre ou O Enforcado, é possível que a saúde seja o motivo principal da preocupação.

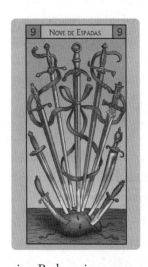

O Nove de Espadas

Vemos nove espadas cravadas todas em um coração sangrando. Sua presença em uma leitura anuncia obstáculos que dificilmente poderão ser superados, o que sempre implicará sofrimentos, dores, penas e preocupações.

Plano afetivo: As relações afetivas, inclusive amistosas passam por um período difícil. Essa carta pode anunciar separações, rupturas e até divórcios. Pode assim, marcar o final de uma amizade ou de um amor.

Economia: Perigo também de perdas materiais. Gastos inevitáveis que poderão chegar a supor graves provas para a pessoa. Nos negócios as vendas diminuirão, podem até chegar quase a desaparecer.

Profissão: Mau ambiente de trabalho e inclusive animosidade pelo consulente. Dificuldades e problemas devido a mal-entendidos. Possibilidade de perder o emprego por redução de pessoal.

Saúde: Risco de enfermidade. O desequilíbrio afeta também a parte física.

Síntese: Essa carta vem predizer problemas e dificuldades que são difíceis de sair. Traz desgostos e amarguras, atrasos, rupturas e obstáculos de todo tipo, especialmente se vem acompanhada das cartas: A Torre, O Enforcado, O Ermitão ou A Lua.

O Dez de Espadas

Dois grupos entrelaçados de três espadas, cada um deles, flanqueado por quatro espadas mais curtas, todas elas distintas. A presença dessa carta anuncia que a pessoa vai dispor de um pouco de energia extra, que a ajudará a vencer os obstáculos e as dificuldades.

Plano afetivo: Apesar dos problemas, as relações sentimentais ficarão melhores. O amor próprio continuará ainda ferido, mas uma nova energia reforçará notavelmente o consulente.

Economia: Operações fáceis aportarão algumas entradas de dinheiro inesperadas. No geral, o aspecto financeiro encontra-se em situação ascendente, mas, será necessário não baixar a guarda. Com um pouco de controle, resultará muito fácil sair dos problemas.

Profissão: Possível sucesso profissional que possa levar também à ascensão em nível social. Tanto os negócios quanto as empresas iniciam um período de crescimento. Parece, no momento, que as lutas e as dificuldades foram encerradas.

Saúde: O corpo reage positivamente, recuperando com rapidez toda a energia perdida.

Síntese: Essa carta indica mudanças rápidas e positivas. Aporta a força e a energia que nos fazem falta para vencer os obstáculos. Quando vem acompanhada pelas cartas: O Imperador, A Força ou O Carro confirma uma posição enérgica e vantajosa sobre os sucessos que nos afetam e mais, quando aparece com O Sol e O Mundo.

O Valete de Espadas

Vemos um jovem ajoelhado, que mantém sua espada vertical diante si, com a mão esquerda. Parece que está apresentando armas, ou realizando um juramento ou cerimônias. Pode representar uma pessoa jovem, invejosa e mal-intencionada. Possivelmente, também indique sentimentos negativos. O fato é que vem dificultar qualquer situação, e é desfavorável a laços afetivos ou amistosos.

É a carta que mais bem indica um abuso de confiança ou certo perigo por causa de uma pessoa com más intenções.

O Cavalo de Espadas

Vemos um jovem a cavalo, trazendo uma espada na mão direita. Essa carta indica atos de valentia, de força e de coragem, mas também, às vezes, demasiado temerários. Vem assinalar a tomada de decisões enérgicas. Implica passos e movimentos pouco agradáveis de se realizarem, mas graças aos quais podem esvaziar-se os impedimentos e esclarecer-se a situação.

O Cavalo de Espadas é o símbolo da força e do poder, aplicados ao combate e à resolução dos obstáculos.

A Rainha de Espadas

Vemos uma mulher coroada com uma espada na mão direita e uma bolsa na esquerda. O conteúdo da bolsa é a cabeça da figura que se vê ao fundo, decapitada em uma das tendas de campanha. Esta mulher pode ser a própria consulente ou uma pessoa próxima, como sua mãe, sua avó ou sua sogra. Não é uma figura muito favorável quanto às relações afetivas e pode ser causa de conflitos e tensões dentro da família. Normalmente, se trata de alguém que provoca brigas ou que se distingue especialmente por sua frieza.

O Rei de Espadas

Este rei sustenta na mão direita uma espada, símbolo de valor e também de fatalidade. A mão esquerda apoia-se sobre o escudo. Em geral esta carta tem um caráter sério e inflexível. Pode representar o próprio consulente, seu pai, seu cônjuge ou um familiar de idade. Vem registrar frialdade e dureza com relação à vida afetiva da pessoa.

O Rei de Espadas induz a qualquer um aspecto de dureza e de severidade. Com frequência, tem a ver com assuntos judiciais ou administrativos e pode representar figuras de autoridade.

Os Paus

Ás de Paus

Do centro de uma coroa, surge a vara de um bufão. Ao seu redor, cordas arrematadas por cascavéis enchem todo o espaço com sons alegres. A presença do Ás de Espadas indica trabalho criativo, poder e autoridade viril, mas igualmente aventura, ânimo e coragem. Vem dizer-nos que a semente do entusiasmo foi semeada em nossa vida. Sua energia traz confiança, segurança e força, ainda que algumas vezes tenha de arriscar-se ligeiramente para alcançar aquilo que queremos.

O Ás de Paus marca o início de uma época de paixão e de atividade.

Plano afetivo: As relações com as pessoas mais próximas são estáveis e pacíficas. Pode também anunciar o começo de uma aventura, um novo encontro ou uma nova amizade. Há muitas possibilidades de que estas novas relações tenham a ver com algum tipo de atividade que realize o consulente.

Economia: As decisões que a pessoa tome nesse campo serão acertadas e darão frutos. Dizem que a fortuna sorri aos audazes e atrevidos, o Ás de Paus indica-nos que este é o momento de agir. Os novos negócios renderão importantes benefícios.

Profissão: Essa carta vem reforçar a ideia de poder e de mando, anunciando o sucesso no plano social. O trabalho costuma desenvolver-se de uma maneira organizada e eficaz. É muito possível que para a pessoa se reforcem responsabilidades laborais muito maiores do que as que agora desempenha.

Saúde: Vitalidade, força e energia em abundância.

Síntese: O Ás de Paus anuncia a realização de muitas das ilusões que o consulente abriga. Incrementa seu poder e seu domínio e traz ilusão e energias positivas, especialmente quando vem acompanhado pelo O Louco, O Imperador ou O Carro.

Dois de Paus

Frente a um anúncio com os créditos de Vacchetta, vemos um adolescente com dois enormes bastões, no alto dos quais há tochas ardendo. Essa carta indica dualidade física, contrariedades e dúvidas. É um arcano que incita às discussões e aos medos.

Plano afetivo: Parece como se os problemas e os desacordos tivessem sido, de algum modo, semeados nas relações afetivas da pessoa. As contrariedades e as feridas no amor próprio gerarão melancolia, e muitas vezes a causa dos conflitos pode ser uma teimosia ou uma obsessão excessiva por algo.

Economia: A fatalidade leva a gastos inesperados, enquanto o dinheiro chega na forma de conta-gotas, o que provoca problemas. Não é possível estabilizar a situação econômica.

Profissão: Pelo seu caráter de dualidade e oposição, essa carta costuma indicar também conflitos no âmbito profissional. As más vibrações entre companheiros estarão na ordem do dia e mal-entendidos semearão discórdias frequentes.

Saúde: O equilíbrio físico se verá igualmente ameaçado e comprometido.

Síntese: Essa é a carta do desacordo, das dificuldades e da rivalidade, pelo que obriga a pessoa a constantes lutas e a some às inquietudes. As rivalidades profissionais serão mais evidentes quando vierem acompanhadas pela Justiça, e a hipocrisia se fará notar mais quando aparecer junto com A Morte, A Sacerdotisa ou A Lua.

Três de Paus

Um tridente e dois remos estão cravados num peixe, que não parece muito preocupado com isso. De um dos remos pende um caranguejo e do outro uns quantos peixes já mortos. Quando aparece o Três de Paus, anuncia criatividade, proteção e sucesso, especialmente no que se relaciona com o trabalho.

Plano afetivo: As relações sentimentais serão felizes e dilatadas e a relação com as pessoas mais próximas, excelente. O entendimento e a harmonia reinarão no casal e um ambiente de paz e serenidade permitirá que se desenrolem e se reforcem os laços afetivos.

Economia: Os assuntos financeiros estão num momento de evolução positiva. É como se uma espécie de proteção de ordem superior nos liberasse de toda dificuldade material. A sorte parece estar com a pessoa.

Profissão: A atividade laboral do indivíduo experimenta um súbito impulso para cima. Os negócios transcorrem de uma maneira fluida e se concluem fácil e tranquilamente. A sorte parece jogar um papel importante.

Saúde: Rápida recuperação física e moral de qualquer doença.

Síntese: Estamos ante uma carta que é sinônimo de facilidade para o movimento e a criação. Uma espécie de conhecimento espontâneo ou clarividência facilita o bom fim de qualquer atividade ou empresa que se empreenda. Suas qualidades vêm-se reforçadas ainda mais quando aparece acompanhada por O Juízo, A Imperatriz ou O Mundo.

Quatro de Paus

Quatro bastões estão cruzados em forma de aspas no centro da carta, justamente debaixo de uma formação que remete à fruta, todos amarrados com um cinto de cor malva de onde pendem duas ferramentas ou facas encurvadas. A aparição dessa carta permite esperar bons resultados no campo laboral e material. A consolidação e a estabilização dos assuntos desta índole parecem estar garantidas.

Plano afetivo: No casal reina um ambiente de paz e estabilidade. Os laços afetivos são considerados sob um ponto de vista bastante intelectual, o que gera harmonia tranquilizadora, e por vez criativa.

Economia: A segurança material impõe-se de uma maneira muito eficaz, possivelmente apoiada por amizades e contatos sociais. Qualquer transação que se realize com a devida prudência será coroada de êxito.

Profissão: É bom momento para novos contatos e novas relações profissionais. As ambições da pessoa no campo profissional serão satisfeitas. As condições atuais são excelentes, pois a autoridade devidamente exercida vencerá facilmente qualquer dificuldade.

Saúde: Perfeita estabilidade física ajuda a vencer com facilidade qualquer doença.

Síntese: Essa carta vem anunciar tranquilidade, paz de espírito, harmonia e prosperidade, especialmente quando aparece junto Ao Imperador, À Força, À Justiça, Ao Hierofante ou Ao Carro.

O Cinco de Paus

Cinco bastões – o central muito maior e muito mais trabalhado do que os demais – pendem verticalmente de uma barra horizontal, que por sua vez está amarrada com um cinto malva a uma frondosa rama, sustentada por dois anjos, na parte superior da carta. O Cinco de Paus indica que se vão alcançar todos os objetivos materiais e profissionais que foram previstos.

Plano afetivo: A atividade é aqui mais importante do que os sentimentos, os quais, neste caso, incluem um forte componente intelectual. É possível, que nas relações exista um importante ingrediente de domínio.

Economia: Domínio perfeito sobre as transações e as operações financeiras. Os bens da pessoa frutificam e o dinheiro não cessa de chegar. É um bom momento para o aspecto econômico.

Profissão: A atividade profissional da pessoa será fonte de satisfações. Os contratos e os negócios se encaminharão com reflexão e justiça, e o resultado será sempre muito favorável. O sucesso está quase assegurado em qualquer empresa que se inicie.

Saúde: Melhoria geral da saúde.

Síntese: Essa é a carta dos desejos satisfeitos, dos compromissos favoráveis e do progresso material e profissional. Indica sucesso e logro profissionais notáveis, especialmente quando vem acompanhada pela Roda da Fortuna, O Mago e A Imperatriz.

Seis de Paus

Vemos três bastões, cada um cruzado em forma de aspas e entrelaçados, amarrados todos com cinto de cor malva. Na parte de baixo mostra-se o que parece ser um instrumento musical, formado também por seis bastões. Essa carta vem indicar uma eleição. Sua presença indica que algo vai impedir momentaneamente a realização dos planos e dos projetos, gerando atrasos e produzindo sacrifícios e frustração.

Plano afetivo: A vida sentimental não está atravessando precisamente seu melhor momento. Decepções e contrariedades de todo tipo marcam as relações e as amizades. Com frequência os problemas são causados por mal-entendidos.

Economia: Gastos inesperados e dificuldades econômicas. As entradas de dinheiro são restringidas enquanto que as saídas se incrementam, o que leva a gerar uma preocupação grave.

Profissão: Os esforços realizados neste campo não trazem os resultados merecidos. O consulente está dando muito mais do que recebe, e com frequência tem de enfrentar situações desagradáveis.

Saúde: O estado geral da pessoa decai e a saúde complica-se.

Síntese: Essa é a carta dos medos e das apreensões. O forte aspecto de dualidade que lhe é inerente vem a complicar todas as situações. Sua influência negativa acentua-se especialmente se vem acompanhada por: O Enforcado, o Arcano número 13, A Lua ou O Ermitão.

Sete de Paus

Vemos aqui exatamente a mesma formação entrelaçada que na barra anterior, salvo que aqui os bastões estão finamente talhados e trabalhados e todos eles são distintos. Foi-lhes acrescentado um que permanece vertical perante os demais e que termina com a forma de uma mão talhada. Todo o conjunto está coberto na parte central por uma banda com uma mensagem escrita. Quando essa carta aparece, vem nos indicar que os planos e os assuntos se concretizarão e se resolverão de uma maneira muito rápida e favorável. O triunfo e o sucesso estão ao alcance das mãos.

Plano afetivo: Boas influências afetarão a vida familiar e a relação do casal. Todo contato com as pessoas mais chegadas será harmônico e satisfatório. Essa carta é como um talismã que evita conflitos e pelejas.

Economia: Qualquer mau passo dado anteriormente neste campo se solucionará rapidamente. As dúvidas se dissiparão e novas e promissoras possibilidades entrarão em cena.

Profissão: Sucesso e promoção em nível social e profissional. Todas as dificuldades desaparecerão como por um passe de mágica.

Saúde: As indisposições que existiram previamente serão eliminadas.

Síntese: O Sete de Paus é a carta do sucesso. Traz consigo força, autoridade e energia que permitirá concretizar rapidamente qualquer projeto em andamento e levá-lo a um bom fim, especialmente quando vem acompanhado pelo Carro, A Roda da Fortuna, O Diabo ou O Imperador.

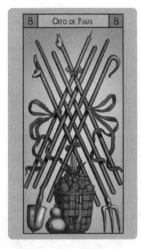

Oito de Paus

A imagem da carta mostra-nos dois grupos de quatro bastões, dois deles ferramentas entrelaçadas e cruzadas em forma de aspas. No solo há uma cesta cheia de frutas. A presença dessa carta vem complicar qualquer situação com embaraços e desgosto. Faz com que se tome demasiado tarde a decisão adequada e gera um ambiente de pessimismo.

Plano afetivo: A incompreensão parece reinar nas relações com os seres mais chegados, e os conflitos gerados deixam ressentimentos. A instabilidade parece marcar todas as relações amistosas e sentimentais.

Economia: Sem chegar a ser catastrófica, a situação financeira é motivo de preocupações. As entradas de dinheiro são claramente suficientes para enfrentar as necessidades. É muito possível que a falta de previsão seja o motivo dos problemas atuais.

Profissão: A atividade profissional não gera apenas insatisfação. Os esforços que a pessoa realiza em seu trabalho não são compreendidos, nem muito menos recompensados, acentuando assim, a falta de confiança em si mesma. O consulente encontra-se em uma posição de debilidade, com evidente submissão a seus superiores.

Saúde: É muito provável que a fadiga e a depressão estejam presentes.

Síntese: Essa é a carta da instabilidade e da incerteza, desfavorável a qualquer atividade de tipo material ou social. Costuma anunciar mais complicações que as normais, quando vem acompanhada pelo Enforcado, A Torre, O Ermitão ou A Sacerdotisa.

Nove de Paus

Nove tubos verticais formam um órgão. O instrumento musical está lindamente lavrado e adornado com uma banda escrita na parte superior. A presença desse arcano menor em uma leitura confere sabedoria, discrição e ajuda ao bom final de qualquer negócio ou projeto que a pessoa tenha em mãos.

Plano afetivo: O Nove de Paus tem influência favorável em qualquer tipo de amizade ou relacionamento. Um tranquilo bem-estar rege o casal e a família e reinam o entendimento e a harmonia.

Economia: A prudência e a sabedoria permitem o crescimento das finanças. Todas as transações se concluirão com sucesso e qualquer dificuldade se superará sem problemas.

Profissão: O conhecimento e a clareza de juízo conferem grandes vantagens no âmbito laboral. Qualquer esforço será reconhecido e recompensado, o que reforçará mais a posição do consulente. O sucesso coroará qualquer tipo de projeto.

Saúde: Recuperação total da força e da moral.

Síntese: Essa carta confere segurança e satisfações no âmbito profissional. Reforça a previsão e permite êxito, em grande parte graças à prudência e ao discernimento. Suas qualidades positivas são incrementadas especialmente quando vem acompanhada pelo Hierofante, A Justiça ou O Ermitão.

O Dez de Paus

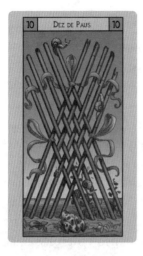

Vemos exatamente a mesma combinação que o Oito de Paus. Os bastões são simples, sem lavrar e por alguns deles passeiam caracóis, enquanto todo o conjunto é observado por um batráquio. Ao fundo se vê o mar. Sua presença indica mudanças positivas em uma evolução benéfica, especialmente em tudo que está relacionado com o trabalho e com o âmbito material.

Plano afetivo: Há estabilidade na vida familiar, consequência, em grande parte, da própria estabilidade financeira. A harmonia tem também matizes intelectuais que se entrelaçam com os afetivos.

Economia: Tudo parece indicar que o aspecto financeiro vai melhorar notavelmente. A segurança atual levará àprosperidade firme e duradoura.

Profissão: O poder e a autoridade conjugam-se para facilitar o sucesso. Receberão ajudas e apoios que facilitarão o progresso no trabalho e também a promoção e a ascensão social.

Saúde: A força e a energia se recuperarão com facilidade, igualmente no âmbito físico e moral.

Síntese: Essa carta augura felicidade na vida do consulente. A melhora, em todos os aspectos, será rápida e efetiva. As qualidades benéficas do Dez de Paus são reforçadas quando vem acompanhado pelo Mundo, O Sol ou O Carro.

Valete de Paus

Vemos um homem bem vestido, no campo, acompanhado de um cachorro e com um bastão na mão. Essa figura pode representar o próprio consulente, seu filho, seu irmão ou um amigo. É uma carta favorável ao intelecto e ao sucesso profissional. Com frequência, é considerada um mensageiro que traz boas notícias. Pode ser indício de uma melhora no campo econômico ou profissional, mas esse passo adiante também pode ser de índole social e até espiritual. De qualquer forma, sempre tem a ver com atividade inteligente e com a energia que se utiliza para realizar ações positivas e que conduzem ao sucesso.

O Cavalo de Paus

Um jogral ou bufão, montado em um cavalo, sustenta um cetro verticalmente com a mão direita. Essa carta costuma sinalizar mudanças e bastante animação. Anuncia notícias e acontecimentos, e em geral fatos positivos que têm a ver com o aspecto profissional ou econômico da pessoa. Simboliza também a reflexão e a experiência. A estabilidade e o sucesso das empresas.

A Rainha de Paus

Esta rainha pastora, muito jovem, acaricia sua ovelha, enquanto apoia seu grande bastão no solo. Essa carta costuma representar uma mulher inteligente, ativa, independente, segura de si e inclusive autoritária, mais inclinada ao mundo dos negócios do que ao lado sentimental. Pode ser a própria consulente, uma amiga, sua mãe ou uma tia. A Rainha de Paus faz com que qualquer projeto do tipo material ou profissional siga adiante com facilidade e proveito e também que os assuntos pendentes se resolvam de forma fácil e satisfatória. Sua vontade consegue triunfar sobre qualquer adversidade.

O Rei de Paus

Um homem maduro e coroado mantém um cetro de grande tamanho na mão direita, apoiando-o no solo, enquanto na esquerda traz outro pequeno, terminado em forma de mão.

Esse arcano representa a decisão, o poder e o domínio. Pode referir-se ao próprio consulente ou a seu cônjuge, a seu pai ou a um amigo. É muito favorável a qualquer tipo de negócio, já que facilita seu crescimento e em geral indica uma ajuda ou um apoio notável a qualquer tipo de situações materiais. Às vezes, pode também representar um chefe ou uma figura de autoridade. Resumindo, podemos dizer que o Rei de Paus é a personificação do sucesso, a ambição honesta, a atividade e o poder.

Como ler o Tarô de Vacchetta

Vacchetta inclui tanto o entorno quanto o âmbito interior da pessoa. No que se refere ao aspecto interno, as cinco disposições seguintes lhe serão de grande ajuda:

- Manter uma atitude aberta e receptiva, quer dizer, mostrar-se internamente disposto a aceitar o que lhe chegue, sem negar, nem recusar nada. Adotando essa atitude de abertura, permitirá que lhe chegue a informação de que necessita.
- Permanecer em calma. Caso se encontre em estado de agitação, dificilmente poderá ouvir as sutis indicações do seu guia interno. Às vezes, a informação certeira chega sob forma de intuições muito levianas, que não poderão ser advertidas por uma mente inquieta e ocupada. Não obstante, quando permanece calma, sua mente é como a superfície de um tranquilo lago, em que qualquer agitação da água é rapidamente captada e percebida.
- Manter a concentração. Na hora de ler o Tarô é muito importante estar centrado e focado no que se faz. Quanto maior a força e a concentração que ponha na pergunta, mais clara será a resposta.
- Permanecer alerta. Quando se mantém atento, todas as dificuldades estarão despertas e prontas para captar as mensagens. Cansado ou aborrecido, dificilmente poderá ler o Tarô.
- Manter uma atitude de respeito. Significa considerar seu Tarô como um instrumento valioso, e reconhecer a importância que tem como ajuda para se conhecer melhor e

aos demais. Estas simples disposições o ajudarão para que a leitura seja mais fácil e clara, mas na realidade não são imprescindíveis.

É possível que sem alguma ou sem várias delas realize leituras satisfatórias. Quando tiver dúvidas acerca do momento ou do seu estado interior, se estão adequados para realizar uma leitura, o melhor é que pergunte sempre para si próprio. Se sente que não, mais vale que o deixe para outro momento. Mas, além da disposição interior, é importante procurar que o entorno externo seja o adequado, pois inevitavelmente influenciará no estado da pessoa.

O lugar ideal para realizar a leitura seria o local que inspirasse sentimentos de paz e de tranquilidade ou inclusive de reverência. Se puder ler o Tarô em meio à gritaria de um mercado, faça-o, mas, sem dúvida, será muito mais difícil que fazê-lo em casa, em uma sala tranquila e agradável. Portanto, o ideal é buscar um lugar propício. Utilizando esse mesmo lugar repetidas vezes, é possível que se vá acumulando nele certa energia que facilitará o resultado.

É bom também criar um ambiente recolhido e separado do curso dos assuntos da vida diária. Uma sala isolada seria ideal, mas qualquer rincão tranquilo servirá igualmente. Também é bom incorporar qualquer coisa que ajude a criar um ambiente de paz, beleza e significado. Pode ser algum objeto artístico ou pessoal que aprecie, ou melhor, simplesmente incenso ou música suave como a que se usa para meditar. Quanto ao cuidado das próprias cartas, a maioria dos profissionais aconselham guardar o Tarô em um pano de fibras naturais, ou melhor, em uma caixinha de madeira, a fim de isolá-lo das energias estranhas que poderiam interferir. Creem muitos que o Tarô vai tomando caráter e a energia de quem o utiliza; por isso, consideram que não é conveniente que o manuseiem outras pessoas.

As leituras

Os modelos de leituras que se podem realizar são quase infinitos, desde o mais simples, que seria extrair uma só carta, até os mais complexos, em que se podem interferir as setenta e oito cartas que compõem o Tarô. Cada lugar da leitura possui um significado único, que afetará a interpretação do arcano que caia no referido lugar.

Para as leituras mais comuns costumam usar entre cinco e quinze cartas. A relação entre algumas cartas e outras da que conformam a leitura, de acordo com os lugares que ocupem nesta, criará um nível de significados totalmente novo. Assim, verá como surgirão combinações que irão formando um relato, criando uma história, com suas personagens, suas relações e seu desenlace. O trabalho de tecer determinada história constitui a parte mais emocionante e criativa da leitura do Tarô. De fato, trata-se de toda uma arte, em que a intuição joga o papel principal.

Estando na disposição interior adequada e em um entorno em que não vá ser interrompido ou molestado, o melhor é sentar-se (frente a uma mesa ou inclusive no solo), dispondo de certo espaço vazio diante de si. É bom anotar em um papel a pergunta concreta que queira realizar. Relaxe-se e acalme a mente. Respire profundamente algumas tantas vezes. Logo, deixe que a sua respiração ocorra de um modo espontâneo e natural. Centre-se nela. Observe como o ar entra e sai dos pulmões sem que tenha de interferir conscientemente nesse processo. Após alguns minutos observando sua própria respiração e com a mente calma, pegue o Tarô nas mãos. Mantenha-o por um momento entre elas. Há os que começam fazendo uma oração, outros, uma afirmação positiva e outros simplesmente saúdam seu guia interior ou o próprio espírito do Tarô.

136 | O Tarot de Vacchetta

De qualquer forma, o importante não é seguir uma fórmula rígida, mas falar a partir do coração. Em seguida, deve formular a pergunta. Pode fazê-lo mentalmente, ou melhor, lendo-a. Assegure-se de que a formulou exatamente como foi escrita. Um dos mistérios da mente subconsciente é que funciona de um modo totalmente literal.

As cartas que escolheu para a leitura refletirão o tema ou o assunto exatamente conforme o tenha formulado. Depois, já com os olhos abertos, comece a embaralhar.

Existem diversas formas de embaralhar as cartas. Utilize a que lhe seja mais cômoda, e enquanto embaralha, mantenha na mente a pergunta que constitui o motivo da consulta. Não o faça sob tensão, nem se esforce nos detalhes, mas é importante que, enquanto esteja embaralhando as cartas, sua mente se encontre focada no tema da consulta.

Quando sentir que já embaralhou o suficiente (alguns fazem sete vezes, outros, nove), detenha-se e coloque as cartas diante de si. Logo, pode cortá-las da seguinte forma:

- Pegue certa quantidade de cartas da parte de cima do maço.
- Deixe-a à esquerda das outras.
- Desta porção de cartas que separou, tome outra quantidade e deposite-a noutro montinho de novo à esquerda.
- Reagrupe os três montes outra vez, seguindo qualquer ordem.

É bom realizar esta operação de forma rápida. Deixe que a mão faça os cortes e volte a reunir as cartas com soltura e sem pensar demasiadamente nisso. Depois do corte, as cartas já estarão prontas para a leitura.

Nas suas primeiras leituras, é muito possível que nem sequer se lembre do significado de algumas das cartas. Seus pensamentos e suas intuições serão guiados, então, pelas imagens que figuram nelas. Logo, à medida que vai adquirindo a prática, suas interpretações irão se tornar mais sólidas, mas também mais previsíveis. É bom que trate de manter sempre a mente e a disposição de principiante, sobretudo, que esteja atento às ideias que lhe cheguem e que pareçam pouco apropriadas, ou inclusive claramente fora do lugar. Uma vez que tenha frente a si todas as cartas que compõem a leitura, reserve para si alguns momentos para considerá-las.

Qual é a impressão geral que lhe causam?

Surge espontaneamente alguma ideia?

Se quiser pode escrevê-las, mas de forma objetiva, usando "palavras-chave", de forma rápida, a fim de não se distrair e perder o fluxo da leitura.

Inicialmente, analise cada carta de forma individual, levando em conta o próprio significado de cada arcano e a posição que ocupa dentro da leitura. Depois, deverá passar a entrelaçá-las, tratando de esboçar o significado conjunto de todas elas e tentando captar as indicações que lhe dão para o futuro.

Este processo deve ser feito do modo mais espontâneo possível. Uma vez que tenha analisado cada carta, baseando-se nos seus conhecimentos, deixe de lado essas ideias e abra-se ao que lhe vier do seu interior. Expresse qualquer coisa que lhe venha à mente. Pode utilizar as notas que tenha feito previamente, mas não se concentre excessivamente nelas. Meu conselho é que fale em voz alta.

Escrever é lento e se realiza todo o processo de um modo mental, existe o risco de que se torne demasiado vago. Não obstante, com a palavra falada sua interpretação irá tomando força. Se de momento se lhe corta o fluxo de ideias, não se preocupe, simplesmente faça uma pausa, repasse o feito até aquele momento e logo verá reatada a interpretação. À medida que praticar, esse processo se tornará cada vez mais fluido. Para alguns, resulta de grande ajuda o fato de gravar a própria voz. Ao ouvir mais tarde, é possível que se surpreenda.

As cartas invertidas

Ao embaralhar o Tarô, ocorre, às vezes, que algumas cartas se invertem e aparecem assim quando se realiza a leitura. Habitualmente, se considera que as cartas invertidas manifestam o mesmo tipo de energia que as demais, também sua intensidade e por isso sua influência na situação apresentada é muito menor. As qualidades do arcano em questão estarão sempre presentes, mas em um nível muito mais leve, com muito menor vitalidade. É possível que a energia representada pela carta esteja começando seu desenvolvimento, ou melhor, que se encontre já em uma fase de declive, aproximando-se da sua extinção. Esta norma é aplicável tanto para as cartas que possuem um significado positivo quanto para as outras com conotação negativa. Quando em uma leitura aparecem muitas cartas invertidas, costuma ser um indício de que as energias estão em um ponto muito baixo ou também, de que as circunstâncias não estão claramente definidas. Talvez a pessoa não tenha um propósito claro, ou encontra-se muito aturdida ou talvez a situação seja muito confusa.

Alguns exemplos de leituras

A seguir, algumas mostras de leituras. Com o tempo, você mesmo desenhará a leitura ou as leituras que lhe resultem mais cômodas ou apropriadas para as consultas que com frequência realize.

A leitura de três cartas

É uma das mais simples. Pode utilizar-se para assuntos que requeiram uma resposta rápida ou quando se deseje obter uma visão efetiva e simples de uma situação determinada. Esta leitura admite diversas formas de leitura. As seguintes são duas das mais utilizadas:

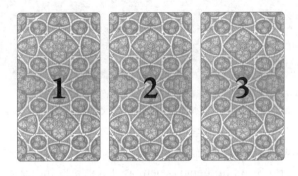

- Carta 1. Representa a situação atual.
- Carta 2. Mostra ocurso da ação que deve tomar.
- Carta 3. Indica o resultado que pode esperar se realizar o aconselhado pela carta 2.

Outra possível interpretação desta leitura é a seguinte:

- Carta 1. Indica os fatos ou os sentimentos do passado que geraram a situação atual ou que conduziram a ela.
- Carta 2. Representa a situação atual, o presente estado de coisas.
- Carta 3. Mostra o futuro, forma como o assunto vai evoluir.

A leitura de cinco cartas

É parecida com a anterior, mas aporta um pouco mais de informação sobre o assunto consultado. Este é o significado de cada uma das cinco cartas que formam a leitura:

- Carta 1. O passado. Representa as circunstâncias e as influências que levaram à presente situação.
- Carta 2. Reflete o estado atual das coisas.
- Carta 3. As influências ocultas. Essa carta indica certos aspectos da questão dos quais não foi consciente até agora ou que não levou devidamente em conta.
- Carta 4. Aconselha qual é a maneira adequada de proceder nesse momento.
- Carta 5. O resultado. Mostra o que vai conseguir, se segue o conselho recebido através da carta número 4.

A leitura de sete cartas

É também muito parecida com a leitura de três cartas, mas aporta uma informação mais complexa e matizada.

- Cartas 1 e 2. Representam o passado, os antecedentes que levaram à situação atual.
- Cartas 3, 4 e 5. O presente. Mostram qual é a situação atual.
- Cartas 6 e 7. O resultado. Indicam qual será o futuro se seguir os conselhos recebidos (caso os haja).

A leitura para tomar uma decisão

É muito apropriada como ajuda na hora de decidir sobre algum assunto a respeito do qual não temos as ideias totalmente claras.

- Cartas 1, 4 e 7. Mostram o passado. Irão ajudá-lo a clarear sua compreensão a respeito das circunstâncias presentes e também podem apontar-lhe aqueles elementos que, procedentes do passado, irão ajudá-lo na obtenção do resultado desejado, ou também, criarão dificuldades para você. 147 258 369.
- Cartas 2, 5, e 8. O presente. Indicam o que está sucedendo exatamente agora, em relação com a decisão que vai tomar.
- Cartas 3, 6 e 9. O futuro. Irão indicar-lhe, de algum modo, qual é o caminho que deve tomar. Ou talvez, inclusive lhe digam abertamente que não é o momento adequado para tomar a decisão que planejou para si.

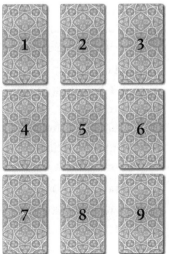

A leitura da ferradura

Esta leitura, extremamente simples, é uma das minhas preferidas.

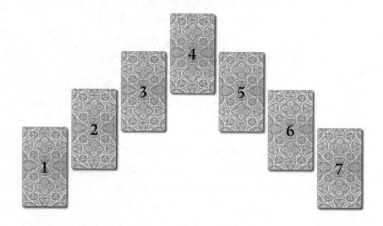

- Carta 1. O passado. Os sucessos já ocorridos que influenciaram a situação presente.
- Carta 2. O presente. Amplia sua visão sobre o atual estado das coisas.
- Carta 3. O futuro imediato. Os sucessos que vão ocorrer proximamente e que afetarão o assunto que lhe interessa.
- Carta 4. Algo que desconhece ou de que não é consciente e que tem uma relação importante com o tema que lhe interessa.
- Carta 5. A atitude dos demais. Atitudes e pensamentos dos que o rodeiam, em relação ao assunto que originou a leitura.
- Carta 6. Um obstáculo. Algo que deverá vencer se quiser alcançar seu propósito.
- Carta 7. O resultado final. O que finalmente ocorrerá.

A leitura da Cruz Celta

É, talvez, a leitura mais conhecida, sobretudo nos países anglo-saxões. Uma das interpretações mais usuais da Cruz Celta é a seguinte:

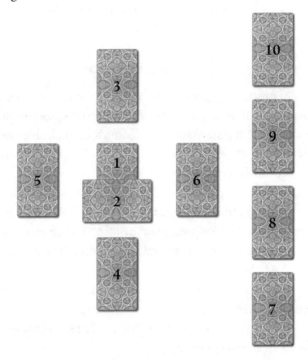

- Carta 1. Descreve o consulente e sua situação presente.
- Carta 2. Qualquer coisa que interfira nessa situação ou que se experimente como uma forma de resistência.
- Carta 3. O mais importante no consulente ou na consulta. As forças que afetam a pergunta.
- Carta 4. Como se chegou a essa situação.
- Carta 5. Algo que o consulente fez recentemente a respeito.
- Carta 6. O que vai fazer agora o consulente.
- Carta 7. Papel que o consulente exerce na pergunta ou na situação dada.

144 | O Tarot de Vacchetta

- Carta 8. Papel que desempenham outras pessoas na pergunta. Ou natureza do entorno.
- Carta 9. Descreve o que ilude o consulente, o que deseja realizar. Talvez também o que lhe agrade.
- Carta 10. Mostra o resultado que pode esperar-se, levando em conta tudo o que passou.

A leitura ying-yang

É o exemplo de uma leitura um pouco mais complexa, desenhada para iluminar as situações em que duas pessoas ou dois grupos mantêm pontos de vista distintos ou inclusive opostos acerca de assunto determinado. Suas posições são opostas, mas não necessariamente hostis.

Nessa leitura, as cartas 3, 5, 7 e 9 representam um dos lados ou das bandas, a que vamos denominar A, enquanto que as caratas 4, 6, 8 e 10 representam o outro a que chamaremos B.

Antes de iniciar essa leitura, deverá decidir que pessoa ou grupo é o lado A e qual é o B.

As cartas 1 e 2 simbolizam a linha divisória entre ambos os grupos, quer dizer, o núcleo do conflito entre eles.

A carta 11 é a chave do conflito e a 12 representa o resultado. Estes são os detalhes:

- Carta 1. Um dos fatores que contribuem para o problema.
- Carta 2. Outro dos fatores que contribuem para o problema.
- Carta 3. Posição ou postura oficial do lado A. É também a impressão que quer causar.
- Carta 4. Postura oficial do lado B. É também a impressão que quer causar.
- Carta 5. O que pensa e sente o lado A. O resultado que seria ideal para ele.
- Carta 6. O que pensa e sente o lado B. O resultado que seria ideal para ele.

As leituras | 145

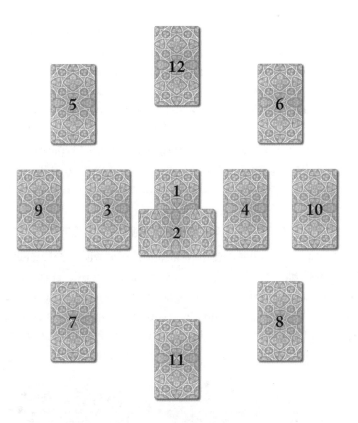

- Carta 7. O que pensa e sente de um modo inconsciente o lado A. Suas motivações profundas.
- Carta 8. O que pensa e sente de um modo inconsciente o lado B. Suas motivações profundas.
- Carta 9. Guia para o lado A. O que deverá fazer para alcançar o que deseja.
- Carta 10. Guia para o lado B. O que deverá fazer para lograr o que deseja.
- Carta 11. Guia para ambos os lados A e B. Chave para sua compreensão do conflito. Como devem dar e ceder algo de sua parte.
- Carta 12. Resultado.

Para interpretar essa leitura é importante que se fixe em primeiro lugar nas cartas 1 e 2, a fim de acertar uma ideia básica do conflito. A seguir, deverá examinar cada um dos lados de maneira separada. Assim, para o lado A olhe as cartas 3, 5 e 7 e para o lado B, as de número 4. 6 e 8. Comparando os pares 3 – 5 e 4 – 6 verá as diferenças que existem entre as posições admitidas por ambos os lados e seu sentir real interno. Os pares 5 – 7 e 6 – 8 lhe mostrarão as diferenças entre os pensamentos e os sentimentos conscientes e inconscientes de cada um dos lados.

A leitura para saber sua missão nesta vida

Esta leitura lhe permitirá alcançar uma visão de qual é o propósito da sua vida e quais são os obstáculos que deverá vencer, detalhando o passado e o futuro, assim como sua situação atual e no que está trabalhando no momento presente. Com ela poderá obter indicações muito valiosas acerca de como deve encaminhar seus passos para cumprir seu destino do melhor modo.

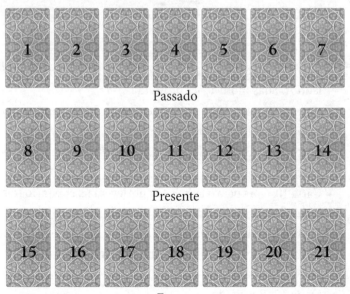

- Cartas 1 a 7. Representam o que logrou até o momento presente.
- Cartas 8 a 14. A segunda fila indica aquilo em que está trabalhando atualmente, sua visão no momento atual.
- Cartas 15 a 21. A terceira série de sete cartas lhe mostrará o que vai alcançar, sua contribuição para este mundo. Irá indicar-lhe com vai influenciar neste mundo e como ele vai influenciar você. Irá revelar-lhe qual é, na realidade, sua missão nesta vida.

Impresso por :

Graphium
gráfica e editora

Tel.:11 2769-9056